Alice Groß · **Der brauchbare Jagdhund**

Der brauchbare Jagdhund

Von Alice Groß

LANDBUCH-VERLAG GMBH · HANNOVER

Umschlag und 10 Fotos: privat

1 Foto: J. Behnke

29 Fotos: A. Schmelzer

33 Fotos: Archiv bzw. von Rassezuchtverbänden
freundlicherweise zur Verfügung gestellt

Zeichnungen im Text: M. Berner

ISBN 3 7842 0147 4

Herstellung und Druck:

Landbuch-Verlag GmbH, Hannover

Printed in Germany

4. Auflage

1978

Vorwort

Jagen ohne Hund ist Schund, heißt ein Jägerspruch. Eine ganze Reihe zum Teil sehr alter Sprüche befaßt sich mit dem Hund als Gehilfen des Jägers. Es macht nicht nur mehr Freude, mit einem guten Hund zu jagen, es ist auch waidgerechter und sollte jedem ehrlichen Jäger eine Verpflichtung gegenüber seinem Wild sein.

Die Landesjagdgesetze schreiben seit einigen Jahren vor, daß bestimmte Jagdarten nur mit einem jagdlich brauchbaren Hund durchgeführt werden dürfen. Das hat zur Folge, daß sich der Jäger heute intensiver mit unseren vierläufigen Jagdkameraden beschäftigen muß als früher, denn zur Anerkennung der jagdlichen Brauchbarkeit muß der Hund mindestens eine Jagdeignungsprüfung bestehen.

In dem vorliegenden Büchlein habe ich versucht — soweit das bei der Fülle des Stoffes überhaupt möglich ist —, in kürzester Form alles das zusammenzutragen, was heute zum Begriff „Jagdhund" gehört: die verschiedenen Rassen und ihre Aufgaben, Zucht und Aufzucht, Krankheit und Tod, Erziehung und Dressur bis zum fertigen Gebrauchshund, seine Führung und die Prüfungen aller Jagdhundrassen.

Den Zuchtverbänden und dem Stammbuchführer des Jagdgebrauchshundverbandes danke ich für ihre Hilfe bei der Beschaffung der Rassefotos und für die Überlassung der verschiedenen Prüfungsordnungen.

Möge dieses kleine Buch manchem eine Hilfe sein.

Isernhagen, im April 1971

Alice G r o ß

Bei der Wahl einer Rasse sind mehrere Gesichtspunkte maßgebend. Entscheidend ist zunächst die Unterbringungsmöglichkeit und damit die Größe des Hundes. Ein großer Vorstehhund paßt nun einmal schlecht in eine enge Etagenwohnung. Ferner muß überlegt werden, für welche Zwecke der Hund im wesentlichen eingesetzt werden soll, denn einige Rassen sind ausgesprochene Spezialisten. In Deutschland steht indes eine so große Zahl von Jagdhundrassen zur Verfügung, daß jeder auch innerhalb dieser Begrenzungen nach seinem Geschmack frei wählen kann.

Nach ihrer Verwendung teilt man sie in folgende Gruppen ein:

Sie werden auf äußerste Vielseitigkeit gezüchtet und sind jagdlich die „Mädchen für alles"; wären sie nicht so groß, würden sie auch noch im Fuchs- oder Dachsbau arbeiten. Zu dieser Gruppe gehören Deutsch-Kurzhaar und Weimaraner als Hunde mit kurzhaariger Jacke; Deutsch-Drahthaar, Deutsch-Stichelhaar, Pudelpointer und Griffon mit rauhhaariger Jacke; mit langem Haar und unkupierter Rute — kurz- und rauhhaarige Hunde sind kupiert — stellen sich Deutsch-Langhaar, Großer schwarz-weißer Münsterländer, Kleiner Münsterländer und Langhaar-Weimaraner vor.

Deutsche Vorstehhunde

7

Englische Vorstehhunde

Die Engländer haben seit je mehr Gewicht auf das Spezialistentum gelegt und trennen bei ihrer Zucht scharf nach Vorstehhunden, Apportierern und Stöberern. So sind die englischen Vorstehhunde ihrer Zucht und Veranlagung nach reine Spezialisten im Vorstehen hauptsächlich von Federwild. Wir in Deutschland können uns kaum mehrere Hunde für die Jagd leisten, so streben deutsche Züchter auch bei diesen Rassen größere Vielseitigkeit an. Zu den englischen Vorstehhunden zählen der kurzhaarige Pointer und die drei langhaarigen Setter-Rassen, der rote Irische Setter, der weiße Englische Setter und der schwarze Schottische (Gordon-) Setter. Englische Hunde sind grundsätzlich nicht kupiert, jegliches Kupieren ist in England verboten.

Apportierhunde

Sie sind — wiederum Spezialisten — Engländer und werden in Deutschland verhältnismäßig selten geführt. Es gibt eine Reihe verschiedener Retriever (das englische Wort für Apportierer). In Deutschland sieht man fast nur den Golden Retriever, langhaarig und goldfarben, und den kurzhaarigen Labrador-Retriever.

Stöberhunde

Es gibt nur einen urdeutschen Stöberhund, den Deutschen Wachtel, langhaarig und etwas kupiert. Ferner zählt man die verschiedenen Spaniels zu den Stöberhunden, die Cocker- und die größeren Springer-Spaniels, die beiden bei uns bekanntesten Jagdspanielrassen. Diese Hunde sind als vielseitige Jagdhunde zu bezeichnen. Sie bringen, was sie bei ihrer geringen Größe noch tragen können, Federwild und Kanin. Für Cocker ist ein Hase schon schwieriger zu bewältigen, weil er zu lang ist und der Hund ihm beim Apportieren auf die Läufe oder die Löffel tritt. Die Stöberhunde arbeiten auch auf Schweiß. Ihnen fehlt lediglich jegliche Anlage zum Vorstehen.

Sie dienen nur der Arbeit nach dem Schuß. Der Hannoversche Schweißhund wird lediglich auf Hirsch und Sau gearbeitet, den etwas leichteren und wendigeren Bayerischen Gebirgsschweißhund verwendet man auch zu Nachsuchen auf Gams- und Rehwild. Beide Rassen verlangen eine sorgfältige Einarbeitung und gehören in die Hand eines erfahrenen Hochwildjägers. Sie sind reine Spezialisten.

Sie gehören zur Gruppe der „jagenden" Hunde, zu denen man auch die Foxhounds, die Harriers und Beagles zählt. Bracken werden auf Hase oder auch Fuchs eingesetzt. Sie folgen dem Wild laut und bringen es im Bogen an den ursprünglichen Standort zurück. Meist hält man sie in Koppeln, auf ein harmonisches Geläut wird großer Wert gelegt. Von der Vielzahl früherer Brackenschläge ist wenig übriggeblieben; man findet jetzt hauptsächlich die Deutsche Bracke und daneben die österreichische Brandlbracke. Die Dachsbracke ist niedrigläufig und jagt langsamer; sie wird häufig als Schweißhund eingesetzt. Bracken sind besonders feinnasig und spursicher.

Unter diesem Begriff faßt man alle Terrier — bei uns vornehmlich die Deutschen Jagdterrier, die drahthaarigen und kurzhaarigen Foxterrier — sowie die überall bekannten Teckel zusammen, bei denen es lang-, rauh- und kurzhaarige gibt, ferner Zwergteckel und die ganz kleinen Kaninchenteckel. Der Name Erdhunde wird dieser Gruppe nicht ganz gerecht, man verwendet diese kleinsten unserer Jagdhunde nicht nur für die Bauarbeit bei Fuchs, Dachs oder Kanin, sie sind weit vielseitiger. So arbeiten die Teckel hervorragend auf Schweiß, sie stöbern mit Passion und können auch kleines Wild bringen. Ebenso die Terrier, die man wegen ihrer rücksichtslosen Schärfe, ihrer Gewandtheit und Hetzlust auch gern auf Saujagden einsetzt.

Am Ende des Büchleins werden die Jagdhundrassen noch einmal im Bild mit den wichtigsten Rassekennzeichen vorgestellt.

Hat man sich schließlich für eine Rasse entschieden, kommt die nächste Überlegung: Welpe oder fertiger Hund. Vielleicht ergibt sich auch die Möglichkeit, einen gut veranlagten Jährling zu erstehen, mit dessen Abrichtung man gleich beginnen kann.

Ein fertig abgeführter Jagdhund, der die wichtigsten Prüfungen mit Erfolg absolviert hat, ist nicht ganz billig. So werden die meisten Jäger, die sich näher mit einem Hund beschäftigen wollen, einen Welpen kaufen. Aufzucht und Abrichtung machen zwar Mühe und Arbeit, bringen indes auch viel Freude. Außerdem wachsen Führer und Hund viel besser zu einer Einheit zusammen, wenn der Hund in seinem doch verhältnismäßig kurzen Leben nur einen Herrn kennenlernte.

Leistungszucht Wichtig ist, daß der Welpe aus einer Leistungszucht kommt. Manche Hunderassen, wie zum Beispiel Teckel und Cocker, erfreuen sich einer so allgemeinen Beliebtheit, daß sie vielfach nur noch auf Schönheit gezüchtet wurden und ihre jagdlichen Qualitäten verkümmerten. Eine Nachfrage bei dem Kreisjägermeister oder bei dem örtlichen Jagdgebrauchshundverein wird in der Regel dafür garantieren, daß man Leistungszuchten genannt bekommt. Bei dem Züchter kann man sich etwaige Prüfungsbescheinigungen der Elterntiere vorlegen lassen; geprüfte Hunde tragen vor oder hinter ihrem Zwingernamen verschiedene Zeichen oder Ziffern, die bestimmte bestandene Prüfungen bedeuten. Auf sie wird später näher eingegangen.

Der Welpe

Für einen Welpen bedeutet die neue Heimat eine ungeheure Umstellung. Nicht allein die fremde Umgebung macht ihm zu schaffen, es ist vor allem das Gefühl des Verlassenseins. Hunde sind Meutetiere, Mutter und Geschwister fehlen ihm, und den neuen Herrn hat er als Meutegenossen noch nicht anerkannt. Man muß anfangs etwas Zeit für ihn aufbringen, sollte ihm aber nicht zu viele Eindrücke auf einmal zumuten.

Schlafplatz

Von Anfang an muß ihm ein fester Platz zugewiesen werden, an dem ein für allemal seine Schlafstätte sein soll. Es kann vorkommen, daß der Platz, den wir für ihn ausgesucht haben, ihm aus uns unerklärlichen Gründen nicht zusagt, daß er immer wieder eine andere Stelle zum Schlafen aussucht. Man sollte dann nicht auf dem ursprünglichen Platz bestehen, sondern einen anderen, ebenso passenden aussuchen. Was wissen wir von den feinen Sinnen der Hunde!

Im Hause

Einem jungen Welpen geben wir wegen seiner Nagelust zunächst eine niedrige, gehobelte Kiste mit eingesägter Einstiegsöffnung. Später kann man die Welpenkiste durch einen größeren Korb oder durch eine dicke Matte ersetzen. Das Lager soll nicht zu weich sein, Platz für den ausgestreckten Körper bieten und an einer ruhigen, zugfreien Stelle stehen. Achtung, am Fußboden, etwa neben einer Tür, zieht es oft mehr als wir vermuten!

Soll der Hund in einem Zwinger gehalten werden, muß besonders viel Wert auf einen guten Schlafplatz gelegt werden. Die Hütte darf nicht zu groß und vor allem nicht zu hoch sein, denn ihr Insasse muß sie

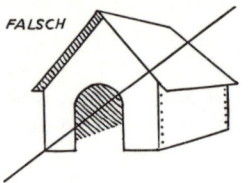

FALSCH

mit der eigenen Körperwärme heizen. Sie soll nur so groß sein, daß der Hund ausgestreckt darin liegen und aufrecht darin stehen kann, nicht mehr. Der Eingang gehört nicht an die Stirnseite der Hütte, sondern an das Ende der Längswand, damit der Hund sich außerhalb der ein-

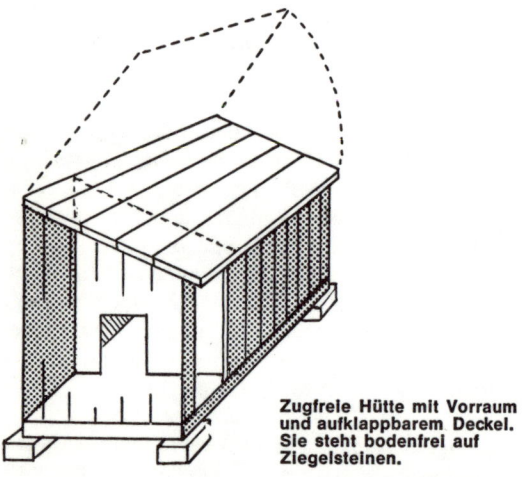

Zugfreie Hütte mit Vorraum und aufklappbarem Deckel. Sie steht bodenfrei auf Ziegelsteinen.

strömenden Zug- oder Kaltluft hinlegen kann. Besser ist eine geräumige Hütte, die in einen Vorraum und einen kleinen Schlafraum unterteilt ist. Selbstverständlich soll die Hütte so aufgestellt werden, daß die Einlaßöffnung sich nicht in Hauptwind- und Regenrichtung befindet.

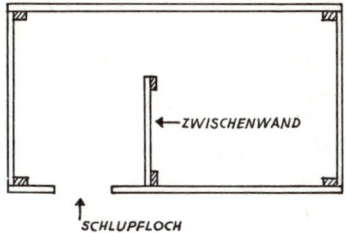

Grundriß einer zug-freien Hütte

←ZWISCHENWAND

↑
SCHLUPFLOCH

Ideal ist ein wenigstens nach drei Seiten geschlossenes Hundehaus, innerhalb des Zwingers, in dem die eigentliche Hütte steht. Der Hund kann sich bei tagelangem Regen darin bewegen und ist nicht gezwungen, entweder nur in der Hütte zu liegen oder aber im Regen umherzulaufen.

Wettergeschütztes Hundehaus mit Hütte unter Dach

Eine dicke Schütte aus frischem Stroh (nicht Heu!) bildet im Winter die beste Isolierung; im Sommer genügt eine Matte oder auch nur das blanke Holz. Eine Lage Farnkraut, sofern dieses zur Verfügung steht, ist als Schütte empfehlenswert; es hält Ungeziefer fern. Daß die Hütte doppelte Wände — außen Nut- und Federbretter — und ein weit vorspringendes abnehmbares oder hochklappbares Dach zur leichteren Reinigung haben soll, ist selbstverständlich.

13

Man sieht hier und da auch gemauerte Hundehütten aus Ziegel oder gar Beton; sie sind wegen der schlechten Wärme-Isolation abzulehnen, Holz ist in jedem Fall vorzuziehen. Die Hütte muß wegen der Bodenfeuchtigkeit und wegen des sich dort ansiedelnden Ungeziefers unbedingt bodenfrei stehen. Ziegelsteine an den Ecken der Hütte genügen.

Liegebank Wenn der Zwinger einen Steinboden hat, was aus Sauberkeitsgründen zu empfehlen ist, darf eine Holzroste oder ein hölzener Liegeplatz nicht fehlen. Ein Hund muß sich auch außerhalb der Hütte hinlegen können, dafür ist Stein ungeeignet. Ideal ist eine große erhöhte Liegebank, die fast alle Hunde mit Vorliebe benutzen. Sie sind damit weg vom feuchtkalten Boden, die Bank dient gleichzeitig als „Ausguck", und wenn es einmal sehr heiß ist, suchen die

Hunde gern den Schatten darunter auf. In keinem Zwinger sollte eine solche hölzerne Lattenbank fehlen.

Der Zwinger selbst sei nicht zu klein, Zimmergröße sollte er mindestens haben. Schließlich ist der Zwinger das Reich des Hundes, in dem er sich geborgen und nicht wie im Gefängnis fühlen soll. Die gesetzliche Mindestgröße des Zwingers für einen Hund beträgt 6 qm. Als Platz dafür wähle man auch keine allzu abgelegene Stelle, etwa hinter hohen Mauern. Je weniger ein Hund sieht, je weniger er am täglichen Geschehen teilhaben kann, desto scheuer und unsicherer wird er.

14

Stubenreinheit

Je mehr Zeit wir für die Beobachtung des Welpen haben, um so schneller können wir ihn daran gewöhnen, sich draußen zu lösen. Grundsätzlich muß der junge Hund sofort nach dem Schlafen und bald nach einer Mahlzeit nach draußen gebracht werden. Zwischendurch hilft nur das stete Beobachten. Sowie der kleine Kerl anfängt, unruhig umherzusuchen, bringt man ihn ins Freie; am besten immer an die gleiche Stelle. Dort sagt ihm die Wittrung, was er soll. Ist das Malheur in der Wohnung geschehen, ohne daß wir es merken, hat Strafen keinen Zweck mehr. Der Hund hat es längst vergessen und weiß nicht, warum er gestraft wird. Das vielgeübte Hineinstoßen mit der Nase ist unappetitlich, unnütz und sinnlos. Ein kleiner Klaps ist nur dann angebracht, wenn wir ihn auf frischer Tat ertappen.

Ein Tip: die „Unglücksstellen" soll man mit möglichst scharf riechenden Desinfektionsmitteln verwittern, denn alle Hunde suchen mit Vorliebe immer wieder die gleichen Stellen auf.

Ein gutes Mittel, einen Jagdhund rasch stubenrein zu machen, ist die Ausnutzung seiner angewölften Sauberkeit. Man bindet ihn in seinem Lager an. Kein Hund beschmutzt seinen Liegeplatz, wenn er es irgend verhindern kann. Die Zeit darf natürlich nicht zu lange dauern; er kann zum „Bettnässer" werden, wenn ihm nicht rechtzeitig die Möglichkeit zum Lösen gegeben wird.

15

Fütterung

Für einen Welpen bis zu einem Vierteljahr sind vier Mahlzeiten zuträglich, dann kann man zu drei Mahlzeiten übergehen, ab 7. oder 8. Monat genügt eine zweimalige Fütterung, bis der Hund ausgewachsen ist. Später ist eine einmalige Fütterung am Tage richtig, die stets zur gleichen Zeit erfolgen soll.

Wenn wir uns vorstellen, was Raubtiere in freier Wildbahn fressen — als Vergleich zu unserem Hund etwa ein Wolf, Fuchs oder Schakal —, wissen wir auch, wie wir unser Haus-Raubtier am besten ernähren. Wenn ein Stück Wild von Wölfen gerissen wird, schlingt jedes Tier so viel in sich hinein, wie der Magen eben schafft. Die großen Raubkatzen machen es nicht anders. Angefangen wird bei den Dünnungen, bei den inneren Organen, vor allem Magen und Därmen samt Inhalt. Dadurch erhalten die Raubtiere das nötige Fett und besonders ihr „Gemüse". Anschließend geht es an das Muskelfleisch und zum Schluß kommen die Knochen an die Reihe. Gemüse, Fleisch und Knochen müssen wir also auch unserem Hund bieten, am besten roh oder nur kurz gekocht. So ist die Ernährung am natürlichsten und damit am gesündesten. Manche Hundehalter weisen voller Stolz darauf hin, daß ihr Hund n u r Fleisch bekäme. Das ist zwar gut gemeint, aber unnatürlich und zu einseitig.

Frischfleisch kann kaum genug gefüttert werden. Es ist reich an Mineralien und fördert die Muskulatur. Es darf anbrüchig sein ohne zu schaden. Wertvoll ist Blättermagen, vor allem ungereinigt, ferner natürlich mageres Muskelfleisch, aber auch Herz, Nieren, Därme. Gering an Nährwert ist Lunge. Gesund ist auch rohe Leber, allerdings neigen manche Hunde nach der Fütterung von roher Leber zu Durchfall. Trockenfleisch kann unbedenklich neben Frischfleisch gegeben werden, sofern es sich um gute Qualität handelt. **Fleisch**

Knochen sind mit Vorsicht zu füttern, besonders bei älteren Hunden. Sie verursachen leicht Verstopfungen. Junge Hunde indes brauchen Knochen zum Aufbau des Knochengerüstes. Ganze Kalbsbeine sind für große und kleine Hunde am besten geeignet. Röhrenknochen und splitternde Knochen vermeiden. **Knochen**

Am besten Mohrrüben, gehackt ins Futter. Manche Hunde knabbern sie mit Behagen ganz. Man kann auch gehackten Spinat oder Salat ins Futter geben, ebenso schadet auch Obst den Hunden nicht. Kartoffeln werden zwar gefressen, sind aber ziemlich wertlos für Hunde. **Gemüse**

Als Füllstoffe gibt man rohe, eingeweichte, auch gekochte Haferflocken, die besonders vitaminreich sind, Reis — am besten den ungeschälten mit Silberhäutchen —, auch Getreideschrot für ältere Hunde. **Beikost**

Es gibt eine Reihe von Fertigfutterarten, fleischartig in Dosen, flockenartig oder von krümeliger Beschaffenheit zum Anrühren mit Wasser oder Milch. Diese Futtermittel sind bequem und nützlich, vor allem auf Reisen, indessen meist verhältnismäßig teuer.

Die Grundregel besagt, daß man etwa $2/3$ Fleisch und $1/3$ Beikost füttern soll. Ein Hund wird zwar auch mit **Vielseitigkeit**

17

Schweinekartoffeln groß; um aber gesund und leistungsfähig zu sein, braucht er genauso gut Vitamine, Eiweiß, Fett und Kohlehydrate wie wir Menschen auch.

An sich wäre es nicht nötig, ihm Abwechslung im Geschmack seines Futters zu geben. Im Gegenteil, er frißt am liebsten jeden Tag das gleiche. Nur ist es im Gehalt und in der Zusammensetzung häufig entsprechend einseitig. Zur Abwechslung kann man zum Beispiel frischen, ungesalzenen Fisch geben, den Hunde gern nehmen, sofern sie früh daran gewöhnt wurden; ferner ungesalzenen Quark und dicke Milch, die bei Appetitlosigkeit und Magenverstimmung manchmal Wunder wirken kann, weil sie die Darmflora belebt. Nur angesäuerte Milch ist schädlich, deshalb gutes Auswaschen oder Wechsel der Futternäpfe! Hundekuchen und ab und zu ein harter Brotkanten geben den Zähnen etwas zu tun. Schädlich ist jedes angegorene Futter, ferner zu salzhaltige und gewürzte Nahrung, denn ein Hund hat nur wenige Schweißdrüsen und muß das Salz fast nur durch die Nieren wieder ausscheiden.

Märchen   Märchen hingegen sind folgende Behauptungen:

„Käse ist für einen Jagdhund schädlich, weil er die Nase verdirbt." Ein milder Käse ohne viel Salz reguliert sogar die Darmflora.

„Zucker darf ein Hund nicht fressen." Im Gegenteil. Zucker bedeutet Kohlehydrate und wirkt durchaus kräftigend.

„Ein Hund, der viel rohes Fleisch erhält, wird besonders scharf." Dies ist erst recht Unsinn. Rohes Fleisch ist seine natürliche Nahrung, er wird damit gesund und kräftig. Ein mit Milchsüppchen großgezogener Hund bleibt nur zu schlapp, um seinen natürlichen Kampftrieb zu zeigen.

18

Ein heranwachsender Hund braucht sehr viel mehr als ein ausgewachsener. Wird die Futterschüssel rasch und sauber ausgefressen, war die zugedachte Menge richtig, bleibt ein Rest, sollte man weniger geben. Nach etwa einer halben Stunde nimmt man grundsätzlich den Napf fort, auch wenn er nicht ausgefressen ist. Herumstehende Futterreste verderben den Appetit und gewöhnen den Hund an lustloses Herumlecken zu willkürlichen Zeiten.

Im allgemeinen nehmen Hunde genügend Flüssigkeit mit ihrer Nahrung auf. Bei Hitze oder nach einem Reviergang soll der Hund jedoch zusätzlich saufen können. In einen Zwinger gehört im Sommer auch eine Schale frisches Wasser. Manche Hunde, die stets und überall Wasser finden, gewöhnen sich das Saufen aus Langeweile an; es wird ihnen so zur Gewohnheit, daß sie auch auf Jagd in jeder Pfütze und jedem Graben schlabbern müssen. Milch mögen fast alle Hunde gern, sie ist auch gut und nützlich, wirkt aber in größeren Mengen abführend. Für erwachsene Hunde mit Wasser verdünnen.

Man soll sie sich regelmäßig ansehen. Abgesehen davon, daß wir den etwaigen Befall mit Spuloder Bandwürmern erkennen, gibt sie ziemlich sicheren Aufschluß darüber, ob richtig gefüttert wurde. Ist der Kot weißlich und hart-krümelig, fütterten wir zuviel Knochen oder gaben zuwenig zu saufen; ist er schwarz und etwas dünn, gaben wir zuviel Fleisch. Große breiige Mengen zeigen an, daß unser Hund zuviel Beifutter ohne Nährwert erhielt. Die Losung eines gesunden Hundes ist weichlich aber wurstförmig.

Das Gebiß der Hunde

Bei einem Hundegebiß spricht man von Schneidezähnen, Fangzähnen, Prämolaren (vordere oder „falsche" Backenzähne) und Molaren (hintere oder echte Backenzähne). Der Hund hat 42 Zähne, davon 22 im Unterkiefer und 20 im Oberkiefer. Im Unterkiefer hat der Hund auf jeder Seite einen Molar mehr als im Oberkiefer.

Die folgende schematische Zeichnung soll einen Blick in den geöffneten Fang darstellen, links der nach oben stehende Oberkiefer, rechts der nach unten zeigende Unterkiefer. In Deutschland werden die Zähne nach dieser Skizze numeriert, man zählt also von vorne nach hinten.

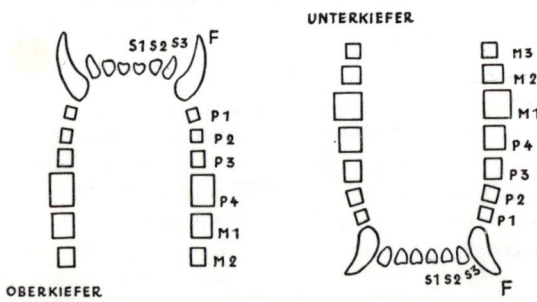

Der Oberkiefer ist der feststehende Teil des Fangs, der Unterkiefer der bewegliche Teil. Bei der Zahnstellung des Gebisses geht man vom b e w e g -

lichen Teil aus. Stehen die Schneidezähne des Unterkiefers bei geschlossenem Gebiß **vor** denen des Oberkiefers, so spricht man von einem **Vor**beißer (Überbeißer), typisch dafür Boxer, Bulldog. Stehen die Schneidezähne des beweglichen Unter-

Vorbeißer

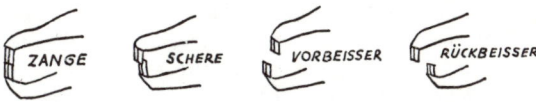

kiefers weit **hinter** denen des Oberkiefers, so spricht man von einem **Rück**beißer (Unterbeißer). Beide Gebisse sind fehlerhaft und werden von den meisten Rasseverbänden als Grund der Zuchtuntauglichkeit des Hundes angesehen, ebenso wie fehlende Molaren oder Prämolaren.

Rückbeißer

Korrekt ist das Scherengebiß, bei dem die Zähne des Oberkiefers scherenartig und reibend über die des Unterkiefers greifen. Bei dem Zangengebiß, das die meisten Zuchtverbände noch als bedingt korrekt gelten lassen, stoßen die Schneidezähne beider Kiefer genau aufeinander.

Scherengebiß

Zangengebiß

Pflege

Ein richtig gefütterter Hund, der genügend Bewe-
gungsmöglichkeit im Freien hat, ist im allgemeinen
gesund und stellt wenig Ansprüche an seine Pflege.
Tägliche Haarpflege mit der Bürste — bei langhaarigen Rassen auch mit dem Kamm — bedeutet für
jeden Hund eine Wohltat. Sie reinigt nicht nur das
Fell, sondern regt die Haut zur besseren Durchblu-
tung an. Man bürstet grundsätzlich zunächst gegen
und dann mit dem Haarstrich. Bei langhaarigen Hunden besonders die Haarstellen des öfteren durchkäm-
men, die leicht zum Verfilzen neigen: die Fransen an
den Behängen, besonders im hinteren, dem Hals
anliegenden Teil; die Federn an den Läufen, das
lange Haar an den Oberschenkeln, die „Hosen",
hier wieder speziell an den Innenseiten; die Fahne
an der Rute.

Auslichten

Zur Zeit des Haarwechsels tut ein Striegel die besten
Dienste. Bei langhaarigen Hunden müssen wir
außerdem von Zeit zu Zeit die dichten Haarbüschel
zwischen den Zehen mit einer Schere auslichten und
kürzen. Dort setzen sich leicht Erd- und Eisklumpen
fest, die beim Laufen schmerzen. Außerdem sieht ein
Hund, der „auf Puschen" läuft, ungepflegt aus. Vorsicht beim Ausschneiden: die Haut zwischen den
Zehen ist empfindlich, viele Hunde sind auch ausgesprochen kitzelig und zucken zurück.

Baden

In städtischen Haushalten werden Hunde häufig ge-
badet und getrimmt. Das mag für Haushunde in
Ordnung sein, für Jagdhunde ist häufiges Baden
nicht empfehlenswert. Unsere Hunde sind dem Wetter verstärkt ausgesetzt, sie sollen auch im Wasser

arbeiten. Seifen indes entziehen der Haut das natürliche Fett. Ein Baden oder Waschen ist nur dann erforderlich, wenn die Hunde sich in Unrat, Kot oder Jauche gewälzt haben, was besonders junge Hunde zu unserem Leidwesen oft nur allzu gern tun.

Ein täglicher Blick in die Ohren sollte nicht unterbleiben. Oft setzt sich Schmutz in der Ohrmuschel fest, der in Verbindung mit dem Ohrenschmalz zu üblen Entzündungen, dem „Ohrenzwang" führen kann. Man merkt die Entzündung spätestens, wenn der Hund sich viel an den Behängen kratzt, dauernd schüttelt oder gar den Kopf schiefhält. Ein Blick in die Ohrmuschel zeigt eine schwärzlich-schmierige Masse, die sogar blutig werden kann. Für einen ungeübten Hundehalter ist ein Gang zum Tierarzt anzuraten, der die passenden Pinzetten zum Säubern hat. Vernachlässigter Ohrenzwang kann sogar eine Operation notwendig machen. So weit soll es aber gar nicht kommen. Wir beugen vor und putzen jeden Schmutz sofort aus. Mit einem Holzstäbchen oder einer stumpfen Pinzette, mit Watte umwickelt, ist das leicht getan. Sitzt der Schmutz fest, tränkt man die Watte mit Öl.

Ohrenzwang

Die Wolfskralle oder Afterklaue ist eine für sich sitzende 5. Zehe oberhalb des Ballens am inneren Teil des Hinterlaufs. Längst nicht alle Hunde werden damit geboren. Verantwortungsbewußte Züchter nehmen sie gleich in den ersten Lebenstagen weg. Zu einem späteren Zeitpunkt muß dies ein Tierarzt tun, da die Schnittwunde dann zu groß und ein Nähen notwendig wird. Kein Hund, insbesondere kein Jagdhund, sollte mit Afterklauen herumlaufen. Diese Zehe sitzt verhältnismäßig lose, wird nie benutzt und die Kralle wächst sich infolgedessen später lang und krumm aus. Im Gelände wirkt sie wie ein Angelhaken, üble Rißwunden können die Folgen sein.

Afterklaue

Schmarotzer

Flöhe

Flöhe müssen sofort bekämpft werden, nicht nur, weil sie den Hund quälen, sondern weil sie Zwischenwirt für einen Hundebandwurm sind. Das Flohweibchen legt seine Eier gern in den Ritzen der Hundehütte oder Lagerkiste ab, die deshalb ebenfalls desinfiziert werden müssen, etwa in Abständen von 8 bis 14 Tagen. In dieser Zeitspanne entwickeln sich Eier und Larven.

Es gibt die verschiedensten Flohvertilgungsmittel, vom Pulver bis zum Spray. Der Hund muß außerhalb des Zwingers oder Hauses entflöht werden, damit abspringende Flöhe nicht später wieder anspringen. Die sicherste, wenn auch etwas zeitraubende Methode: Das Fell mehrfach und an mehreren Tagen hintereinander mit einem stumpfzinkigen Staubkamm durcharbeiten, den Kamm flach ansetzen und die sich darauf verfangenden Flöhe vernichten. Mit einem Eimer Wasser daneben geht das am einfachsten. Säugende Hündinnen und Welpen niemals mit Insektenvertilgungsmitteln einstäuben! Die Schädlichkeit von DDT kennt inzwischen wohl jeder.

Läuse und
Haarlinge

Sie sind selten bei gepflegten Hunden anzutreffen, aber auch schwerer zu vertreiben. Sie setzen ihre Eier am Hund selbst ab. Verlauste Hunde kratzen sich oft die befallenen Stellen wund, meist Nacken, die Partie unterhalb der Behänge, Kehle und Rutenwurzel. Erst bei genauem Suchen findet man die kleinen bläulichen Schmarotzer. Vertrieben werden sie mit Lysoleinreibungen. Es gibt auch Salben zum Einreiben. In hartnäckigen Fällen frage man den Tierarzt.

Zecken

Jeder Jagdhund, besonders die fleißigen Stöberer in Wald und Busch, macht Bekanntschaft mit der Zecke. Der Holzbock, wie die Zecke oft genannt wird, lebt im Unterholz des Waldes oder auf Sträuchern. Dieser Schmarotzer bohrt sich mit dem Kopf in die Haut und saugt sich voll Blut. Er ist zunächst klein und flach-rundlich, im dichten Fell kaum zu sehen. In wenigen Tagen hat er sich so vollgesogen, daß sein Bauch zu einer olivgrünen Erbse angeschwollen ist. Er fällt dann allein ab. Wir entfernen Zecken, indem wir Öl auf das Insekt träufeln und auch die Haut um die Bißstelle herum einölen. Die Zecke erstickt daraufhin und man kann sie leicht herausdrehen. Sie lebend herauszuziehen gelingt nur wenigen, meist reißt der tiefsteckende Kopf ab, bleibt in der Haut und kann zu Entzündungen führen.

Würmer

Viele Menschen haben eine fast panische Angst vor Hundewürmern; die wildesten Gerüchte kursieren über Hundebandwürmer. Es handelt sich dabei nur um eine bestimmte, sehr seltene Art, den Echinococcus, der allerdings auch dem Menschen gefährlich werden kann. Es ist indes so selten, daß sogar die meisten Tierärzte ihn nur von Abbildungen her kennen. Die Angst vor dem „Hundewurm" ist daher grundlos.

Spulwürmer

Für Welpen und Jungtiere sind Spulwürmer am gefährlichsten, wenn sie in Mengen auftreten. Sie sind etwa kleinfingerlang, weißlich und von der Dicke einer Stricknadel. Verantwortungsbewußte Züchter entwurmen ihren Wurf das erste Mal bereits im Alter von drei Wochen. Welpen sind recht wehrlos gegen diese üblen Schmarotzer. Sie erbrechen häufig, der Leib erscheint besonders nach jedem Fressen aufgetrieben, es kommt zu Verstopfungen und wenn nicht rechtzeitig geholfen wird, gehen Welpen daran ein. Mit Wurmkuren ist bei sehr jungen Hunden nicht zu spaßen, der Tierarzt gibt das rechte Mittel in der richtigen Dosierung an. Piperazin-Paste ist ein gutes Mittel. Tragende Hündinnen müssen spätestens zur Mitte der Tragezeit entwurmt werden.

Bandwürmer Es gibt verschiedene Bandwurmarten, die im einzelnen aber nicht näher beschrieben zu werden brauchen. Wenn mit dem Kot — oder auch ohne ihn — weißliche oder rosa, quadratische oder längliche Glieder abgehen, die sich häufig noch strecken und zusammenziehen, müssen wir eine Bandwurmkur vorbereiten. Sie strengt den Hund sehr an und darf daher nicht gleich wiederholt werden, falls wir das Pech hatten, daß der Kopf nicht mit abging. Am Tage vor der Kur den Hund schon fasten lassen oder nur rohe Leber und geschabte Möhren geben. Am nächsten Morgen geben wir das Mittel ein, das wir vom Tierarzt beschafften. Meist geht später der Bandwurm in einem Rutsch ab, sofern wir den Hund am Ausbrechen des Mittels hindern konnten. Manchmal, wenn der Bandwurm sehr lang ist, will der Hund „rutschen" und dabei reißt der Bandwurm ab. Das muß unbedingt verhindert werden, zur Not mit Papier vorsichtig ziehen! Alle Bandwürmer enden in einer Spitze: das ist der Kopf, der unbedingt mit herauskommen muß. Seit einiger Zeit gibt es auch ein sehr gutes Bandwurmmittel in Tablettenform (Mansonil), das den Schmarotzer im Körper des Hundes abtötet. Er kommt dann nicht heraus, sondern wird teilweise mit verdaut.

Die Erziehung und Abrichtung

Ein schlecht erzogener Hund fällt uns auf die Dauer selbst zur Last und ist anderen Menschen zuwider, ein gehorsamer jedoch macht uns das Leben mit ihm leichter, bereitet Freude und ist auch bei Fremden wohlgelitten.

Das Zauberwort bei jeder Erziehung: Konsequenz! Der wichtigste Grundsatz: Ein Hund lernt aus Erfahrung. Die Anwendung dazu: Wir machen ihm angenehm, was er tun soll und darf, und unangenehm, was er nicht darf. Lob oder Strafe müssen der Tat auf dem Fuße folgen, das Tun und seine Folgen müssen im Hundehirn eine Einheit bilden. Er vergißt nämlich schnell und verknüpft leicht falsch. Das Lob wird groß geschrieben. Ganz ohne Strafe ist eine Erziehung jedoch nicht möglich. Sie darf indes ernstlich nur angewendet werden, wenn der Hund weiß, daß er Verbotenes getan hat. Dann strafe man lieber einmal hart, damit sich das Verbot tief einprägt, als das ganze Hundeleben hindurch immer wieder lau, was ihn letzten Endes nur hartmäulig macht, aber doch nicht zum Ziele führt.

Dressur-Alter

Faustregel: etwa um 1 Jahr. Bei frühreifen Hunden kann man mit der Zwangsdressur auch früher beginnen, etwa mit 9 Monaten. Einfache Übungen wie Leinenführigkeit und das Setzen sind noch früher möglich. Je mehr Kontakt man mit seinem Hund hat, je mehr man mit ihm spricht und je mehr Bekanntschaft der junge Hund mit seiner Umwelt macht, desto leichter und früher begreift er. Ein Hund, der nur im Zwinger lebt, der nichts sieht und mit dem kaum gesprochen wird, ist nicht imstande, sich rasch auf seinen Herrn einzustellen, er begreift auch schwerer. Zwischen einem reinen Zwingerhund und einem jungen vierläufigen Jagdgefährten, der viel herangezogen wird, ist ein großer Unterschied!

Grundsätzlich muß der Hund bei allen Übungen angeleint sein.

Es ist im Rahmen dieses kleinen Büchleins natürlich nicht möglich, eine ausführliche Anweisung über die Abführung der verschiedenen Jagdhundrassen zu geben. Dafür gibt es eine Reihe guter Fachbücher, aus der eine Auswahl zum Schluß zusammengestellt ist.

Lästiges Anspringen

Insbesondere junge Hunde geben ihrer Freude häufig durch heftiges Anspringen Ausdruck. Je nachdem, ob man Arbeitszeug oder gute Kleidung trägt, ist man nur allzuleicht geneigt, einmal gerührt zu sein und das andere Mal ärgerlich zu werden. Der Hund kann keinen Unterschied machen und wird oft grundlos bestraft. Am besten gewöhnt man ihm das Anspringen von vornherein ab. Während er anspringt, erhält er einen Tritt auf die Hinterpfoten, dabei braucht man die Hand nicht zu gebrauchen, die nur zum Loben da sein muß. Bei größeren Hunden hinterläßt es einen tiefen Eindruck, wenn man sie beim Anspringen mit dem Knie vor den Brustkern stößt.

Das Lautgeben

Obwohl es ohne große Bedeutung ist, ob ein Hund auf Befehl Laut gibt oder nicht, kann es für eine etwaige spätere Totverbeller-Dressur von Nutzen sein, wenn wir bereits bei ganz jungen Hunden das

Lautgeben fördern. Man beginnt damit bereits im Welpenalter. Wenn der kleine Kerl Hunger hat und angesichts seines Futternapfes bellt oder winselt, unterstützen wir seinen Laut. Wir halten die Futterschüssel oder einen besonders beliebten Brocken hoch „So ist das recht, gib Laut!" und geben ihm nicht eher zu fressen, bevor er Laut gibt. Ein Winseln genügt anfangs. Viele junge Hunde bellen bereits oft vor Ungeduld. Meist bedarf es keiner langen Übungen, schon ein Welpe verknüpft sehr rasch. Je früher wir damit beginnen, desto leichter lernt er das Lautgeben auf Befehl.

Gib Laut!

Leinenführigkeit

Der Hund wird stets an der linken Seite geführt. Sein Kopf soll sich etwa in Höhe unseres linken Knies befinden. Die ideale Umhängeleine hat den Karabiner am kurzen oberen Ende des Führ-Riemens, das lange Ende mit dem Ring wird einfach durch die Halsung gezogen. Das Annehmen und Schnallen geht rasch, es gibt kein Verhaken. Wer seinen Hund — etwa in Dickungen — am liebsten ohne Halsung laufen lassen will, kaufe sich eine Leine mit gekoppelter Halsung. Beim Schnallen des Hundes löst sich die Halsung mit.

Die ersten Lektionen seien kurz und möglichst an ruhiger Stelle, wo der Hund wenig abgelenkt wird. Seitliches Ausbrechen verhindert man am leichtesten, indem man an einer Mauer oder an einem Zaun entlang geht. Das Vorpreschen korrigiert man durch einen Ruck an der Leine und den Befehl „Fuß!". Im Freien wirkt man dem Ziehen am wirkungsvollsten entgegen, indem man eine scharfe Linkswendung macht und dem Hund dabei kräftig auf die Füße tritt — natürlich nicht gerade mit genagelten Stiefeln auf gepflasterter Straße! Das wird nur einige Male nötig sein, ein intelligenter Hund springt bald sofort zurück, wenn wir nur die Linkswendung andeuten. Er wird auch rasch begreifen, daß er sich bei einer scharfen Rechtswendung zu beeilen hat, wenn er mit dem Kopf an unserer linken Seite bleiben und dem Ruck an der Leine entgehen will.

Bäume als Hilfe

Sehr rasch wird ein junger Hund leinenführig, wenn man mit ihm im Wald durch Stangenholz geht, und zwar stets rechts dicht an den Stämmen vorbei. Zunächst wird er immer links vorbei wollen; wir gehen indes weiter, der Hund wird zurückgerissen und merkt sich bald, daß ein Hindernis zwischen ihm und seinem Führer schmerzhaft ist. Bei ungestümen Hunden verhilft ein Stachelhalsband noch schneller zum Erfolg, eingeschüchterte Hunde sind beim Weitergehen liebkosend mit der Hand zu beruhigen „So brav, mein Hund!" Später sollte man alle Übungen in wechselnder Gangart durchführen. Das saubere Gehen an der Leine erfordert vom Hund eine stete Konzentration, die Übungen dürfen daher anfangs nicht zu lange durchgeführt werden. Sie sind ein gutes Mittel, um den Hund immer wieder zur Einstellung auf den Führer zu zwingen. (Siehe Bildteil I.)

Das Setzen

„Sitz!"

Wenig Arbeit macht es im allgemeinen, dem Hund das Sitzen beizubringen. Die Fotos im Bildteil I sagen mehr als Worte.

Sichtzeichen

Schon früh sollte der Hund das Sichtzeichen dafür, den erhobenen Zeigefinger, kennenlernen, damit im Revier auch eine lautlose Verständigung erfolgen kann. Kennt der Hund den Befehl „Sitz" und das Sichtzeichen, dehnen wir die Übung aus, indem wir uns von ihm entfernen, zurückkommen oder um ihn herumgehen. Er muß sitzenbleiben, bis das Kommando „Hierher!" erfolgt.

Polizei-Diensthunde lernen das sofortige Setzen, sowie der Abrichter stehenbleibt; das ist auch für die Führung eines Jagdhundes im Revier recht angenehm und rasch beizubringen. Wenn man später bei jedem Stehenbleiben gleichzeitig den Befehl zum Setzen gibt, verknüpft der Hund schnell und setzt sich bald auch ohne Befehl. Das Stehenbleiben ersetzt sozusagen das Wort oder das Sichtzeichen. Bei jedem An- und Ableinen muß der Hund sich setzen.

Platz und Ablegen

Es kommt immer wieder vor, daß unser Hund irgendwo längere Zeit auf uns warten soll. Das ist natürlich in der klassischen Down- oder Haltlage nicht möglich, es würde ihn viel zu sehr anstrengen. Außerdem ist es gut, wenn er jetzt seine Umgebung beobachten kann. Er soll also bequem liegen, weil das Warten unter Umständen lange dauern kann.

Viele Abrichter bringen ihrem Hund das Ablegen erst aus der Downlage heraus bei. Ich meine, daß der Hund das „Platzmachen" schon viel früher lernen sollte, zeitlich bald nach dem „Sitz". Er soll nur wissen, daß er sich auf das Kommando „Platz" hinzulegen hat. Wie er jetzt liegt, ist gleichgültig, er legt sich selbst bald in die bequemste Lage. Später beginnt man dann, sich vom Hund zu entfernen. Sowie er sich erhebt, rufen wir ihm ein energisches „Platz" zu. Wir gehen dann auch außer Sichtweite des Hundes, zunächst aber so, daß wir ihn noch beobachten können, um ihn sofort zu korrigieren, falls er aufsteht. Es ist gut, wenn wir ihm jetzt auch das Hörzeichen „Bleib" oder „Dableiben" geben.

„Platz!"

Man kann auch sagen „Ablegen!". Er verknüpft bald, daß es jetzt länger dauert, bis wir zurückkommen und daß er liegen bleiben muß, bis wir wieder da sind. Hinweis: Grundsätzlich ist der Hund wieder da abzuholen, wo er abgelegt wurde.

Ablegen

Ob man ihn daran gewöhnt, bei einem Gegenstand zu liegen, ist Geschmacksache. Ich meine, es ist einfacher, wenn man ihn an freies Ablegen ohne Rucksack, Schweißriemen oder ähnliches gewöhnt, weil häufig gar nicht die Zeit bleibt, etwa den Rucksack abzuschnallen oder weil man nichts in der Hand hat, was man bei dem Hund lassen könnte. Zu Beginn der Abrichtung kann das Ablegen bei einem bekannten Gegenstand die Arbeit natürlich sehr erleichtern.

Stetige Wiederholungen in gleichen Situationen merken sich die Hunde sehr rasch, stetige Wiederholungen mit gleichen Worten und Zeichen sind auch das A und O in der Hundedressur.

Begreifen durch Wiederholungen

Ein kleines Beispiel: Meine Hunde kennen vier Arten von Hinlegen. „Platz" bedeutet im Hause für sie, daß sie sich — meistens unter dem Tisch — hinlegen sollen, um nicht zu stören. Im Revier bedeutet „Platz" — meist mit dem Befehl „Dableiben" verbunden — das Ablegen und Warten. „Down" mit oder ohne Trillerpfiff heißt Niederfallen in vorschriftsmäßiger Haltlage. Abgeguckt von einem erfahrenen Jäger habe ich einen praktischen Befehl für den Hund im Hause: „H u n d e — Platz!" Auf dieses Kommando hin gehen die Hunde wie selbstverständlich auf einen ganz bestimmten Platz, der ihnen im Hause angewiesen wurde und legen sich dort hin. Das vierte Kommando ergab sich zufällig durch die Gewöhnung: „Leg dich hin", heißt es nur leise. Daraufhin legt der Hund sich hin, läßt sich seitwärts umkippen und streckt alle Viere von sich. Für ihn bedeutet es, daß nun irgendeine Behandlung kommt, Gehörgänge ausputzen oder eine Pfote verbinden, nach Zecken suchen oder die Haare zwischen den Zehen auslichten.

Dies soll lediglich zeigen, wie rasch ein Hund begreift und verknüpft, wenn man stets das gleiche tut und die gleichen Worte benutzt.

Das Apportieren

Waren die ersten Übungen so einfach, daß auch ein Anfänger kaum etwas falsch machen konnte, so beginnt mit dem Apportieren die erste Möglichkeit, einen Hund zu verderben. Wird nämlich gleich zu Beginn zu viel Zwang ausgeübt, so kann das Apportieren dem Hund so verleidet werden, daß später unendliche Mühe aufgewandt werden muß, bis das Vertrauen wieder da ist. Zwang jedoch muß sein; ein Hund, der das Apportieren nur spielerisch lernt, versagt im Ernstfall. Es muß für ihn selbstverständlich sein, daß er auf den Befehl „Apport" oder „Bring" niemals leer zum Führer zurückkommen darf.

Drei Stufen sind bei dieser Arbeit zu überwinden: 1. der Hund muß einen Gegenstand im Fang dulden und halten; 2. er muß von allein den Fang öffnen, um zu greifen; 3. er muß vom Boden aufnehmen. Wenn er dies tut, ist alles gewonnen.

Man beginnt mit dem sitzenden Hund. Mit der Hand greift man über den Nasenrücken des Hundes, so daß Daumen und Mittelfinger die Lefzen gegen die Zähne drücken. Durch diesen schmerzhaften Lefzendruck wird der Hund veranlaßt, den Fang zu öffnen. Sofort schiebt man mit der anderen Hand unter gleichzeitigem Befehl „Apport" oder „Bring!" einen Strohbock oder ein Holz mit umwickeltem Kaninchen-

Lefzendruck

33

balg in den Fang kurz hinter die Fangzähne. Im gleichen Augenblick muß der Lefzendruck aufhören „So recht!". Schon nach einigen Sekunden zieht man das Apportel mit dem Kommando „Aus!" oder „Laß" wieder aus dem Fang und lobt den Schüler ausgiebig. Diese Übung wird so lange wiederholt, bis der Hund den Gegenstand im Fang duldet. Ein Ausspucken oder Fallenlassen verhindert man, indem man mit einer Hand unter den Unterkiefer faßt. Einmaliges Kommando „Apport" genügt nicht, das Wort soll des öfteren wiederholt werden, damit es sich einprägt und mit dem Halten eines Gegenstandes verknüpft wird. Lefzendruck (Zwang) und Lob müssen genau im richtigen Augenblick erfolgen. Mit Lob, auch mit kleinen Leckerbissen, jetzt nicht sparen! Auch soll man das gleiche nicht immerzu wiederholen, sondern zwischendurch kurze Gänge oder eine kleine Pause machen. Hunde ermüden bei diesen Übungen rasch und werden dann überfordert.

Belohnungshäppchen wirken Wunder!

Pausen einschalten

Ist unser Schüler so weit, daß er das Apportel ohne Sträuben hält, nehmen wir die Hand weg und versuchen ihn lobend über den Kopf zu streichen. Herauswerfen sofort mit drohendem „Apport!" verhindern, notfalls nachfassen.

Als nächste Übung lassen wir den angeleinten Hund mit Apportiergegenstand im Fang aufstehen und uns einige Schritte entgegenkommen. Nur so weit zurücktreten, daß man das etwaige Herauswerfen noch verhindern kann. Bei diesen Übungen heißt es Geduld behalten, nie ärgerlich oder nervös werden, ruhige Bestimmtheit zeigen, immer wieder auch loben und Pausen einhalten. Zweckmäßig ist es, jetzt die Apportiergegenstände zu wechseln. Sie sollen zunächst leicht und weich sein, Kaninchenbalg, Strohwisch, umwickeltes Holz, leichter, umwickelter Apportierbock.

Geduld!

34

Der nächste und schwierigste Schritt ist das selbständige Zufassen. Hier reißt leider manchem der Geduldsfaden! Aber jedes Nervöswerden ist vom Übel, gutes Zureden hilft nichts und das Spielerische ist gefährlich, weil ein so „abgerichteter" Hund niemals ein zuverlässiger Apporteur wird. Wir wenden zunächst wieder den Lefzendruck an und halten den Apportiergegenstand vor den Fang des Hundes „Apport!". Öffnet er den Fang, schieben wir seinen Kopf etwas näher und lassen den Gegenstand in den Fang rollen. Jetzt ist die Hauptsache, daß wir den Augenblick genau erkennen, da der Hund uns — wenn auch noch so zögernd — entgegenkommt. Sofort wird ausgiebig gelobt. Bei diesen Zufaß-Übungen wiederum nicht überfordern, Pausen einschalten, stets mit einer guten Leistung aufhören!

Geduld!

Selbständiges Zufassen

Der letzte Schritt bis zum Aufnehmen vom Boden ist weniger groß. Nimmt der Hund uns den vorgehaltenen Bock willig aus der Hand, brauchen wir den Abstand nur langsam, sozusagen zentimeterweise, zu vergrößern. Schließlich stützt man die Hand mit dem Bock bereits auf den Boden, hält ihn noch auf einer Seite, berührt ihn nur noch, um endlich die Hand ganz wegzulassen.

Aufnehmen

Hat unser Zögling den Begriff „Apport!" erfaßt, ist jedes renitente Verhalten ruhig aber bestimmt zu korrigieren. Nach jedem Aufnehmen muß er sich setzen und eine Zeitlang halten. Erst auf den Befehl „Aus" darf er abgeben. Meistens verknüpft er die sich nähernde Hand bereits mit dem Kommando „Aus" und läßt fallen, bevor wir zugegriffen haben. Deshalb soll man des öfteren zwar vorgreifen „als ob", indes jetzt das Kommando „Aus" fehlen lassen. Auf diese Weise erreichen wir, daß der Hund nur auf Befehl ausgibt, und es kann nicht vorkommen, daß er etwa eine beschossene Ente zwar bringt, sie aber

„Aus!"

vorzeitig fallen läßt, so daß sie unter Umständen wieder wegtauchen kann.

Zwang

Für renitente Hunde, die verweigern, obwohl sie begriffen haben, gibt es ein sehr wirksames Zwangsmittel, das Kneifen in den Behang. Hunde sind hier sehr empfindlich, sie reagieren meist heftig auf diesen Schmerz.

Die Apportierentfernung kann nun laufend vergrößert werden. Wir legen den Bock in immer weiterer Entfernung — aber für den Hund sichtbar — ab, gehen zum Hund zurück, der angeleint sitzen bleiben mußte, warten noch einen Augenblick, und dann darf er auf Befehl bringen. Hier heißt es absichtlich „darf", denn meistens macht ihm dieses Bringen schon Freude, sofern der Abrichter stufenweise vorging und mit genau dosiertem Zwang und viel Lob arbeitete.

Schnelles Aufnehmen

Ein Jagdhund soll schnell und möglichst ohne Nachfassen aufnehmen. Wir gehen mit dem angeleinten Hund zunächst langsam am Bringbock vorbei ohne stehenzubleiben und geben im richtigen Augenblick den Befehl „Apport!" Er muß schnell zufassen, wenn er dem unangenehmen Ruck am Stachelhalsband entgehen will. Dieses Vorbeigehen wird nach und nach in immer schnellerem Tempo durchgeführt, bis der Hund im Laufschritt sicher zugreift und richtig faßt.

Gewicht

Erst wenn unser Hund sicher apportiert, steigern wir die Entfernung und das Gewicht, bei einem großen Vorstehhund sogar bis zu 18 Pfund. So schwer ist der Oberländer Apportierbock, wenn die Holzscheiben nach und nach durch Eisenscheiben ersetzt wurden. Die Gewichtssteigerung darf nur langsam vor sich gehen, die Nackenmuskeln des Hundes müssen sich erst entsprechend entwickeln, dazu gehört Training. Im übrigen ist es zweckmäßig, wenn man das Mittelstück des Oberländerbockes mit einem Stück Kaninchenbalg oder ähnlichem umwickelt. Abbildung des Apportierbocks im Bildteil I.

Verschiedene Wildarten

Zwischendurch lassen wir möglichst viele verschiedene Wildarten bringen. Jedes Stück Wild erfordert nämlich einen anderen Griff, der gelernt sein will. Beim „langen" Hasen kommt es darauf an, daß genau in der Mitte gefaßt wird, eine Möwe erfordert den Griff über den Rücken, damit die weiten Schwingen nicht die Sicht verdecken, ein Huhn muß leicht gefaßt werden, ein Fasan erfordert einen weit geöffneten Fang. Ein niedrigläufiger Hund muß die gleichen Erfahrungen mit dem Tragen eines Kaninchens oder einer Elster machen. Vor allem aber sehen wir bald, welches Wild unser Hund ablehnt. Gerade das aber setzen wir ihm mehrfach vor. Er soll lernen, daß er bringen m u ß und nicht d a r f.

Bringen aus dem Wasser

Erst wenn unser Hund sicher im Apportieren ist, lassen wir aus dem Wasser bringen. Dazu wird grundsätzlich die Halsung abgenommen. Wenn möglich, beginnen wir im flachen Wasser, so daß er den Gegenstand — Apportierbock oder auch Ente — zunächst watend erreichen kann. Für alle Fälle binden wir bei tieferem Wasser das Stück Wild oder den Bock an eine dünne Schnur, falls unser Hund nicht gleich schwimmend bringt. Mit Lob und Aufmunterung wird der Erfolg aber nicht ausbleiben, wenn die Entfernung langsam gesteigert wurde.

Innerhalb einer Woche lernt natürlich kein Hund das sichere Apportieren. Im Schnitt wird man etwa 4 bis 6 Wochen brauchen, wobei es natürlich auch auf die Häufigkeit der Übungen ankommt. Danach bedarf es jedoch noch der steten Festigung. Manche Hunde bringen viel Arbeitsfreude mit, sie kommen dem Abrichter mit Intensität entgegen; andere sind ausgesprochen stur und brauchen viel Druck; wieder andere nehmen leicht übel, sie benötigen starkes Einfühlungsvermögen seitens des Führers. Noch einmal: Geduld!

Das Down oder Halt

„Down"
„Halt"

Das englische „down" (sprich: daun = nieder) wird mehr und mehr durch das deutsche Wort „Halt" ersetzt, das aber meines Erachtens eigentlich eine andere Bedeutung hat. Halt heißt stehenbleiben, aber nicht niederlegen. Das Wort „Halt" benutze ich auf der Rotfährte, z. B. wenn ich verwiesenen Schweiß genauer untersuchen will und der Hund deshalb warten muß. Man mag sich für das eine oder andere Wort entscheiden, die Entscheidung muß nur endgültig sein. Das Down ist der Kern jeder Zwangsabrichtung, durch diese Übung bekommen wir den Hund völlig in die Hand.

Korrekte Haltung

Bei der vorschriftsmäßigen Downlage liegt der Hund mit dem Bauch auf dem Boden, die Hinterläufe sind an den Körper angezogen, der Kopf ruht zwischen den Vorderläufen auf dem Boden. Dies ist eine Stellung, die in sich bereits Unterwerfung ausdrückt und jeder Auflehnung von vornherein einen Dämpfer aufsetzt.

Wie die Fotos im Bildteil I zeigen, zieht man den Hund aus der Sitzstellung an den Vorderläufen nach vorn und drückt seinen Kopf zu Boden. Dabei befiehlt man energisch „Down!". Stets achte man auf korrekte Lage und dulde kein Ausweichen. Zunächst wird es nötig sein, die Hand auf dem Kopf zu halten, vielleicht ist auch ein leichter Druck auf die Hinterhand nötig, damit sich unser Hund nicht aufrichten kann. Mit einem freundlichen „Hier" wird er nach kurzer

38

Zeit aus dieser ihm peinlichen Lage erlöst, man geht einige Schritte und wiederholt die Übung. Macht der Hund keine Anstrengung aufzustehen oder den Kopf zu heben, nimmt man langsam die Hände fort und richtet sich immer weiter auf. Eine Gerte kann nun unseren verlängerten Arm darstellen; sowie der Hund Anstalten macht, den Kopf zu heben, drohen wir mit der Gerte und einem strengen „Down!".

Ziel der Down-Übungen ist es, den Hund zu einem blitzartigen Zusammenfallen auch auf weite Entfernung zu veranlassen. Am schnellsten erreicht man dies mit Zwangshalsung und Leine, wenn unser Hund zunächst einmal begriffen hat, was der Befehl bedeutet. Der Abrichter steht neben dem sitzenden Hund und hat die Leine unter dem linken Fuß durchgezogen. Gleichzeitig mit dem Kommando „Down!" wird die unter dem Fuß laufende Leine mit einem Ruck angezogen und dadurch der Hund zu Boden gezwungen. Gleichzeitig kann die Gerte mit einem leichten Hieb in Aktion treten, wenn dem Befehl nicht sofort nachgekommen wird. Dem Hund muß sich tief einprägen, daß der Befehl blitzartig zu befolgen ist, weil es sonst „weh tut".

Rasches Befolgen

Down-Übungen müssen wieder und wieder geübt werden, später mit allerlei Ablenkungen. Man entfernt sich vom Hund, man tritt hinter ihn und über ihn hinweg, wirft Gegenstände in seine Sichtweite — stets muß er in korrekter Lage verharren. Immer wieder muß auch das rasche Zu-Boden-Gehen geübt werden, zum Beispiel auch während des Gehens. „Down!" — und gleich darauf tritt man mit dem Fuß auf die Leine, was den Hund sofort niedergehen läßt, besonders wenn er ein Stachelhalsband trägt. Vorsicht, daß das Treten nicht etwa vor dem Kommando „Down" geschieht, was im Eifer des Gefechts einmal passieren kann!

Sichtzeichen

Bereits während der Übungen benutzt man das Sichtzeichen, das Hochhalten des rechten Armes. Da die rechte Hand meist dabei noch die Gerte trägt, wirkt der Anblick für den Hund um so bedrohlicher. Das Sichtzeichen kann später im Felde natürlich nur dann angewandt werden, wenn der Hund gerade Verbindung mit uns sucht. Wir brauchen also noch

Hörzeichen

ein weithin vernehmbares Hörzeichen, den Trillerpfiff. Die Dressurpfeifen haben auf der einen Seite den einfachen Pfiff, den wir zum Hereinkommen benutzen, auf der anderen Seite den Trillerpfiff für das Down. Trillerpfiff und Handhochheben werden bei der Einübung bald zusammen benutzt, später hat der Hund so verknüpft, daß eines dieser beiden Zeichen genügt.

Das Kriechen

Es ist eine außerordentlich wirksame Strafübung, mit der wir aber erst beginnen können, wenn der Hund die Downlage gelernt hat. Das Kriechen gleicht einem Vorwärtsrobben und strengt sehr an. Der Hund liegt in Downlage vor uns, wir ziehen leicht an

„Down vorwärts"

der Leine und befehlen „vorwärts". Sowie er aufstehen will, rufen wir ihm wieder das „Down" zu, anschließend wieder „vorwärts", wobei wir langsam rückwärts gehen. Die Gerte zum Niederhalten, das Ziehen an der Leine, dazu die abwechselnden Befehle lassen den Hund kriechen. Er lernt es schnell. Ein ungehorsamer Hund, der immer wieder hetzt oder der sich von seinem Platz entfernt, kann durch Kriechübungen innerhalb kurzer Zeit völlig mürbe gemacht werden. Deshalb darf diese Übung am Anfang nicht übertrieben werden. Ob dabei das Kommando „Kriech!" oder „Down vorwärts" benutzt wird, ist gleich.

Bildteil I

Erziehung und Abrichtung

Oben links: Ein Welpe ist keine Katze! So soll man ihn nicht tragen. Das Fassen in den Nacken (und Schütteln!) bedeutet Strafe in der „Sprache" der Hunde. Beißende Hunde versuchen sich im Nacken zu fassen!

Oben rechts: So hebt man einen Welpen hoch, Brust und Hinterhand stützen. Gleich wird auch der Gesichtsausdruck selbstbewußter!

Unten: Eine der ersten Übungen mit dem Junghund: Leinenführigkeit, auch um Baumstämme herum.

Sitz!

Sichtzeichen
ist der erhobene
Zeigefinger

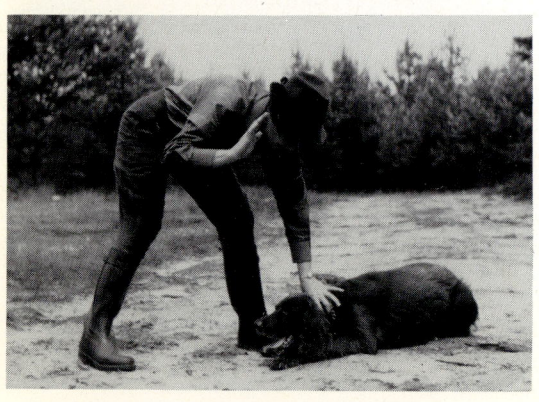

Down oder Halt!

Sichtzeichen ist die erhobene flache Hand. Auch bei Ablenkungen (Schießen, über den Hund treten etc.) muß der Hund in vorschriftsmäßiger Haltung liegen bleiben.

Apport

Mit Lefzendruck wird dem sitzenden Hund das Apportel in den Fang geschoben.

Längeres Festhalten vor dem Ausgeben ist wichtig!

So wird der Lefzendruck ausgeführt.

Sowie der Hund den Apportierbock willig hält, soll man einige Schritte mit ihm gehen.

Das Apportel wird nicht mehr in den Fang geschoben, sondern vorgehalten.

Das Aufnehmen schwierigerer, weil flacher Gegenstände.

Ein großer Schritt ist getan, er faßt freiwillig zu.

Freudiges Apportieren.

Der Oberländer
Apportierbock.

Bei den ersten
Springübungen
geht man zunächst
selbst mit über
ein provisorisches
Hindernis.

Ein sauberer
Sprung mit leich-
tem Apportier-
gewicht.

Schweißarbeit

Die breite Schweißhalsung mit
drehbarem Wirbel.

Der Hund wird abgelegt, der
Riemen abgedockt.

Die Schweißhalsung wird an-
gelegt.

Hier ist das Wundbett. Der
Hund soll gründlich Wittrung
nehmen.

Der Schweiß-
riemen wird
zwischen den
Läufen durch-
gezogen.

Such
verwundt!

Der Schweiß-
riemen gleitet in
voller Länge
durch die Hand.
So recht, such
verwundt!

Rechts: Er hat den Bock gefunden. Hallend klingt sein Totverbellen.

Unten und Mitte rechts: Der laute Verweiser bleibt indes nicht wie der eigentliche Totverbeller am Bock, er kommt zum Führer zurück und verkündet

durch seinen Laut, daß er gefunden hat. Man sieht dem Rüden die Arbeitsfreude an, eine prachtvolle Zusammenarbeit zwischen Führer und Hund.

Unten rechts: Erneut wird der Rüde zum Bock vorgeschickt. Der Führer folgt langsam.

Wieder ruft der Rüde laut seinen Herrn —

— kommt abermals zurück und bellt sein: Ich habe gefunden! Komm, ich führe dich!

Für einen Jäger und Hundeführer der schönste und ergreifendste Augenblick, wenn er zum gestreckten Bock kommt, den sein Hund mit jubelnder Stimme verbellt.

Bei der hier gezeigten Arbeit kam der Rüde 6mal zu seinem Führer zurück, um ihm den Weg zu zeigen. Eine brillante Arbeit!

Der Bringselverweiser

Ein Gummiband, an dem das Bringsel hängt, wird dem Hund übergestreift.

In schnellster Gangart kommt er mit dem Bringsel zum Führer zurück.

An der Decke angekommen, wirft sich der Hund das Bringsel selbst in den Fang.

Der Hund zeigt durch das Bringsel im Fang an, daß er gefunden hat und führt anschließend zum Stück.

Der laute Verweiser

Den meisten Rüdemännern sind laute Verweiser nur dem Namen nach bekannt, man sieht sie sehr selten. Die Abrichtung ist mühevoll, denn sowohl das Verbellen wie das Verweisen müssen erarbeitet werden. Der laute Verweiser ist indes ideal, deshalb freue ich mich, diesen seltenen Fall in einer so ausgezeichneten Bildserie zeigen zu können.

Die Mühe der Ausbildung lohnt sich nur bei einem ausgezeichneten Hund, der die Voraussetzungen mitbringt: lockeren Hals, Intelligenz, Leichtführigkeit. Enge Verbindung zwischen Führer und Hund muß vorhanden sein, nur dann sieht man Bilder, die von solcher Arbeitsfreude und solchem Verständnis zeugen.

Links: Der Rüde zeigt zunächst eine ausgezeichnete Schweißarbeit und liegt stramm im langen Riemen. Auch Verbeller und Verweiser sollen zunächst am Schweißriemen arbeiten.

Unten links: Das Wundbett wird sauber verwiesen. Mit „Halt!" greift der Führer im Riemen vor und untersucht das Wundbett.

Unten: Der Rüde wird zum Verweisen geschnallt.

Vorübungen für die Praxis

Was im vorigen Abschnitt über die Erziehung und Abrichtung gesagt wurde, trifft für alle Jagdhundrassen zu, außer für Schweißhunde, die natürlich nicht apportieren. Auch dem kleinsten Teckel kann man das Down, das Sitz und Ablegen beibringen, und leichtere Gewichte bringen niedrigläufige Rassen ebenso gut wie große Hunde. Der Unterschied ist nur, daß die Abrichtung der Kleinen mühsamer ist, weil man sich tiefer bücken muß!

Ein Hund, der die reinen Abrichtungsfächer — früher nannte man dies die „Stubendressur" — beherrscht, ist noch kein fertiger Jagdhund. Er weiß noch nichts von Schleppen- und Spurarbeit, von der Wundfährte, von der Arbeit im Wasser.

Der erste Schuß

Während die Schußhitzigkeit eines Hundes immer durch Abführungsfehler — meist fehlende Selbstbeherrschung des Führers — entsteht, kann Schußscheue oder Schußängstlichkeit auf angeborener Nervosität beruhen. Ebenso gut kann sie indes auch auf Unüberlegtheit des · Führers zurückgeführt werden.

Völlig falsch wäre es, mit dem Jährling am Riemen ins Feld zu gehen, „damit er den Schuß kennenlernt", um dann plötzlich mit einer 12er Flinte loszudonnern. Der Schock kann so groß sein, daß mit dem Hund zunächst nichts mehr anzufangen ist. Richtig ist es, die ersten Schüsse abzugeben, wenn der Hund in etwa 20 bis 30 Meter Entfernung gerade intensiv sucht oder gar hetzt.

Am besten gewöhnt man bereits ganz junge Hunde, die gerade aus dem Welpenalter heraus sind, draußen im Revier an den Schuß. Genau wie kleine Menschenkinder sind sie vertrauensselig und ohne Arg. Angst und Mißtrauen stellen sich erst später ein. Ich habe noch keinen Junghund von 3 oder 4 Monaten gesehen, der auf einen Schuß aus einiger Entfernung empfindlich reagiert oder der Gewitterangst gezeigt hätte. Für solche Angst sind sie einfach noch zu dumm.

Die Schleppen

Die Meinungen über ihren Wert gehen auch bei erfahrenen Kynologen auseinander. Ganz verzichten kann man auf sie nicht. Sicherlich bedeutet eine frischgelegte Schleppe auf bewachsenem Boden keine anstrengende Nasenarbeit für den Hund; viele fegen denn auch mit hoher Nase in gestrecktem Galopp die Schleppe entlang und schneiden dabei noch die Haken. Das bringt natürlich die Gefahr der Flüchtigkeit und Ungenauigkeit mit sich. Es ist auch bekannt, daß der Hund weniger der Wittrung des geschleppten Stücks als der Führerfährte und der Bodenverletzung folgt. Auf jeden Fall aber lernt er, ein Stück Wild auch auf weite Entfernung vom Führer aufzunehmen und zu bringen, und er lernt ferner, daß er auf den Befehl „Apport" niemals leer zurückkommen darf.

Die ersten Schleppen seien nur kurz, etwa 30 Meter lang und mehr oder weniger geradeaus. Sie werden

42

am Riemen gearbeitet, damit der Hund die Nase nach unten nimmt und sich konzentriert. Das Kommando heißt „Verloren apport" (oder bring). Später werden die Schleppen länger, und man läßt den Hund mehr und mehr frei arbeiten.

„Verloren apport"

Kommt er leer zurück, nehme man ihn an das Stachelhalsband, gehe zum Stück hin, lasse unter Zwang sofort aufnehmen und gehe zum Anfang der Schleppe zurück. Eine kürzere zweite Schleppe wird zeigen, ob sich unser Zögling die Lektion gemerkt hat, oder ob wir wiederum die Stachelhalsung — bei ausgesprochener Renitenz auch Strafkriechen — anwenden müssen. Er muß wissen, daß er bringen m u ß. Jede Übung soll mit einer guten Leistung beendet werden, die auch entsprechend gelobt wird. Trotz allen Zwangs muß das Vertrauen bestehen bleiben.

Das Muß

Eine vorschriftsmäßige Schleppe wird folgendermaßen gelegt und gearbeitet: Der Schleppenleger — möglichst ein Gehilfe — markiert den „Anschuß" mit einigen Federn oder etwas Wolle des Schleppwildes, zieht es auf bewachsenem Boden hinter sich her und baut mehrere stumpfe Haken ein (zu spitze Winkel würde der Hund glatt abschneiden). Am Ende legt er das Stück frei — nicht in eine Senke oder hinter einen Baum — ab, geht mindestens 20 bis 30 Meter geradeaus weiter und versteckt sich. Der Hund wurde indes von seinem Führer abgelegt oder abgewendet, damit er die Richtung der Schleppe nicht sieht. Auf Ruf oder Sichtzeichen des Schleppenlegers wird nun der Hund zur Schleppe gelegt. Am besten nimmt der Führer dazu eine dünne Perlonschnur, die er durch die Halsung des Hundes zieht. Er geht zum „Anschuß", zeigt dem Hund die Federn oder Wolle und läßt ihn Wittrung nehmen. Hat der Hund sich festgesaugt und fängt mit tiefer Nase an, die Schleppe zu arbeiten, geht der Führer am besten

Vorschriftsmäßiges Legen

Vorschriftsmäßiges Arbeiten

noch einige Meter mit und zwingt ihn durch die fest-
gehaltene Schnur zur Konzentration. „Verloren apport!" und nun läßt der Führer das eine Ende der
Perlonschnur los, sie gleitet aus der Halsung heraus
und gibt den Hund allmählich frei, der nun die
Schleppe sauber ausarbeitet, zum Stück findet, um-
gehend aufnimmt und sofort in schnellster Gangart
zurückkommt.

Für den jungen Hund wirkt es ungemein ermun-
ternd, wenn der Führer ihm freudig „applaudiert" und
in die Hände klatscht, sobald er näherkommt und
ihm „So brav, mein Hund!" entgegenruft. Jedes Lob
fördert die Arbeitslust, man soll damit und auch mit
Belohnungshäppchen nie sparen!

Wechseln von Schleppwild

Je mehr wir mit dem Schleppwild wechseln können,
desto besser. Der Hund soll alles bringen, Huhn und
Ente, Kanin, Fasan, Taube, auch Krähe, Eichelhäher
und Elster, Raubzeug und Raubwild. Am schwierig-
sten wird der Fuchs sein, nicht nur wegen des
Gewichts, denn Gewichttragen haben wir ja laufend
geübt, sondern weil die meisten Hunde den Fuchs
zunächst völlig ablehnen. Ohne intensiven Zwang
wird es meist nicht gehen.

Wechseln von Entfernungen

Die Schleppen sollen unterschiedlich in der Länge
sein, angefangen von 100 Meter bis zu 400 Metern,
damit sich der Hund nicht auf eine bestimmte Entfernung einstellt. Auch im Gelände soll gewechselt
werden; man legt sie in Wiesen, über Stoppel und
im Wald, niemals auf gepflasterten Wegen oder auf
völlig unbewachsenem Boden.

Die Führerrückfährte

Das Ausarbeiten der Führerfährte wird zwar auf
keiner Prüfung verlangt, ist aber ungemein nützlich

und erzieht den Hund zum Gebrauch der Nase und zum schnellen und weiten Bringen.

Anfangs legt man sichtbar den bekannten Apportier- bock auf einen Weg, geht einige Schritte mit dem angeleinten Hund weiter und läßt ihn dann bringen, was keine Schwierigkeit bereitet. Nach einigen Wiederholungen legen wir einen persönlichen Gegenstand auf den Weg, einen Handschuh, ein Schlüsseletui oder ein Taschentuch und lassen den Hund wiederum auf unserer Rückfährte auf kürzere Entfernung bringen. Allmählich werden die Übungen weiter erschwert, indem wir einen Gegenstand, vom Hund unbemerkt, fallen lassen und dann auch die Entfernung laufend steigern, so daß unser Zögling die Nase gebrauchen muß, wenn wir im Gelände kreuz und quer gegangen sind. Ich habe bei diesen Übungen stets ein etwas anderes Kommando gegeben: auf mein „Zurück apport" wußten die Hunde sofort, daß sie auf meiner Rückfährte einen mir gehörenden Gegenstand suchen und bringen mußten. Diese Arbeiten fördern nicht nur die Nasen- und Spurarbeit des Hundes, sie sind auch nützlich. So brachte mir einmal eine Hündin, die ich allerdings systematisch auf Führerrückfährte gearbeitet hatte, aus einer großen ungemähten Wiese einen Hausschlüssel, den ich auf dem Heimweg verloren hatte.

Nicht notwendig, aber nützlich

Die Schweißarbeit

Im Gegensatz zu allen anderen Übungen darf die Arbeit auf der Schweißfährte nie zum Zwang werden, denn hier sind wir auf den guten Willen des Hundes angewiesen. Sie soll und muß für unseren Zögling ein freudiges Ereignis sein. Sie darf nicht zu oft geübt werden, damit sie dem Hund nicht langweilig wird. Eine Arbeit pro Woche genügt.

Kein Zwang

Wir benötigen eine Schweißhalsung (siehe Foto im Bildteil I), einen mindestens 6 Meter langen Schweißriemen, eine Rehdecke, eine Spritzflasche zum Herstellen einer gespritzten Fährte oder einen Tupfstab für eine Tupffährte, ferner einen Viertel Liter Wildschweiß beziehungsweise Rinder- oder Hammelblut. Diese Menge muß für mindestens 400 Meter reichen.

Schweißfährten werden grundsätzlich im Wald gelegt, zunächst an Stellen mit Bodenbewuchs. Die ersten Fährten brauchen nur kurz zu sein, knapp 100 Meter lang. Sie müssen an den Bäumen deutlich gezeichnet werden, damit wir unseren Hund sofort korrigieren können.

Für eine Spritzfährte nehmen wir eine Flasche, in deren Korken zwei Kerben geschnitten sind, den Schweiß hierfür möglichst gesiebt, damit er gut tropft. Die Tupffährte wird mit einem Stock hergestellt, an dessen Ende ein Schwämmchen angebunden ist. Der kleine Schwamm wird in die mitgeführte Dose mit Schweiß getaucht, und beim Gehen tupft man den Stock bei jedem Schritt auf den Boden. Nach etwa 8 bis 10 Tupfern neu eintauchen. Schweißmenge beachten.

Die Spritzfährte ist natürlicher, kleine Tropfen Schweiß bleiben oben auf dem Bodenbewuchs, Gras oder Farnen hängen, während bei der Tupffährte der Schweiß nur direkt am Boden ist. Dafür trocknet der Schweiß aus einer feinspritzenden Flasche bei Hitze leichter aus als die großflächigeren Tupfer.

Am Ende der Fährte muß grundsätzlich eine Rehdecke liegen. Ein frisch geschossenes Stück gibt natürlich besonders zu Beginn der Arbeiten auf Schweißfährte wesentlich mehr Anreiz.

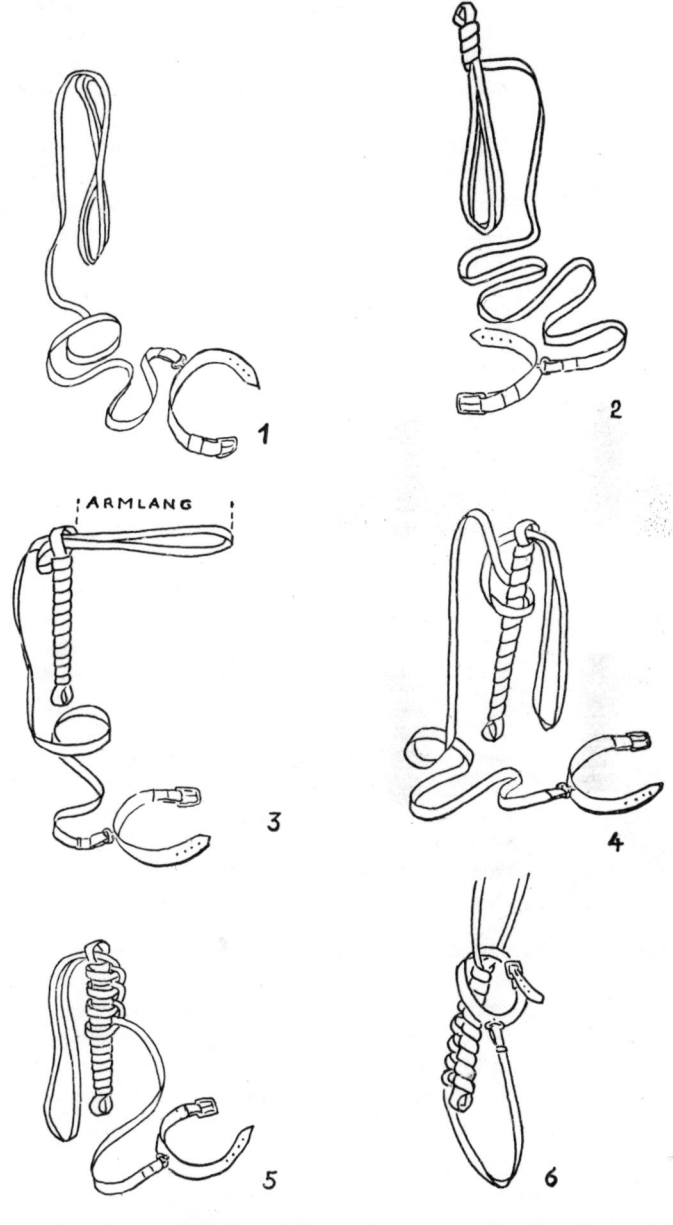

ARMLANG

Nach dem Legen der künstlichen Rotfährte bleibt sie mindestens 2 Stunden unberührt stehen, auch bei der ersten Arbeit des Hundes. Hier soll von Anfang an vermieden werden, daß Menschenwitterung daneben steht. Unser Hund soll sich nur auf Schweiß einstellen und nicht wie bei der Schleppe einen Leitfaden finden, der ihn zu einem Bringgegenstand führt.

Das Zur-Fährte-Legen

Wenn wir einen Hund zur Fährte legen — gleich ob künstliche oder natürliche — muß dies sozusagen einer feierlichen Zeremonie gleichen. Immer die gleichen Handgriffe in der gleichen Reihenfolge! So wird das Interesse des Hundes geweckt, seine Gespanntheit gefördert, und er stellt sich sofort richtig auf die kommende Arbeit ein.

Etwas entfernt vom „Anschuß", dem Beginn der Rotfährte, legen wir den Hund, der grundsätzlich nüchtern sein soll, ab und docken in aller Ruhe den Schweißriemen ab. Wir legen ihm die Schweißhalsung um, an dessen Wirbel der lange Riemen befestigt ist. Mit freundlichen Worten (niemals ein hartes Wort bei der Schweißarbeit!) lassen wir unseren Hund abgelegt und gehen zum Anschuß, den wir in Sichtweite des Hundes gründlich „untersuchen". Schon verfolgt unser Zögling gespannt unser Tun. Dann holen wir ihn ab und zeigen ihm den Anschuß „Such verwundt!" Der Schweißriemen ist zweckmäßigerweise zwischen den Vorder- und Hinterläufen des Hundes hindurchgezogen.

Die Arbeit

Fällt nun der Hund die Fährte an, nehmen wir den Riemen auf und lassen ihn, während der Hund vorangeht, langsam bis zum Ende durch die Hand gleiten. Dabei ermuntern wir leise mit dunkler Stimme: „So recht, mein Hund, such verwundt!" Bei zu heftigem Vorwärtsstürmen beruhigen wir „Laangsam — such

verwundt — laangsam . . .", oder wir legen mit
„Haalt!" kurze Pausen ein. Verweist er Schweiß,
greifen wir im Riemen vor, aber ruhig und vorsichtig,
damit er nicht abgelenkt wird, und loben ihn. Kommt
er von der Fährte ab, ist es am besten, man bleibt
einfach stehen, den Riemen straff in der Hand. Der
Hund kann nun nicht mehr weiter vorwärts gehen,
wohl aber nach rechts oder links pendeln; zwangs-
läufig wird er dabei die Fährte wieder kreuzen, im
richtigen Augenblick loben wir ihn. Heftiges Rucken
am Schweißriemen, häufige Pfui-Rufe stören und
verwirren den jungen Hund, er kommt leicht zurück,
der Schweißriemen verheddert sich um Bäume herum, Führer und Hund werden nervös. Das ist Gift
für jede Einarbeitung auf Schweiß.

Hat der Hund uns am Riemen zum Stück geführt,
können wir gar nicht genug loben und uns mit ihm
freuen. Selbstverständlich erhält er hier einen dicken
Leckerbissen.

Nach den ersten erfolgreichen Schweißarbeiten wird **Erschwerungen**
unser Hund bereits beim Abdocken des Schweiß-
riemens Bescheid wissen. Wir können nun die Fährten erschweren, indem wir sie länger machen,
stumpfe Winkel einlegen und die Stehzeit laufend
verlängern. Wir können noch weniger Schweiß ver-
wenden (wie wenig Schweiß liegt oft auf natürlichen
Wundfährten!) und können auch Verleitungsfährten
einbauen, indem eine Hilfsperson, kurz vor Beginn
der Arbeit etwa, ein Kaninchen quer über die Fährte
zieht.

Der Totverbeller

Für Jägerohren ist das Totverbellen die schönste
und ergreifendste Musik, und auf den Gebrauchsprüfungen gilt es mit Recht nach wie vor als die

Krone der Abrichtung. Ob ein Totverbeller auch in der Praxis immer das Ideal darstellt, ist zumindest fraglich; man denke nur an ungünstige Windverhältnisse, an weitere Entfernungen mit Dickungen oder an schallschluckenden Schnee: Das Bellen des Hundes bleibt unter Umständen ungehört.

Eignung

Es eignet sich auch bei weitem nicht jeder Hund zu einem Totverbeller. Viele Hunde werden leicht heiser, und das längere Lautgeben strengt sie sichtlich an; es gibt ferner Hunde, deren Hals in der Tonfarbe und Tonstärke zum „Rufen" nicht ausreicht. Mit solchen Hunden soll man sich die Arbeit gar nicht erst machen. Es lohnt den großen Aufwand an Mühe und Zeit nicht.

Wer seinen Hund schon in früher Jugend zum Lautgeben auf Kommando erzog, hat jetzt den Nutzen (siehe Seite 28). Zwei Dinge muß unser Hund zunächst lernen, 1. daß eine Rehdecke gleichbedeutend ist mit dem Kommando „Gib Laut!", 2. daß er die Rehdecke — später das gefundene Stück — unter keinen Umständen verlassen darf, bis er abgeholt wird.

„Gib Laut" an der Decke

Punkt 1 macht keine großen Schwierigkeiten. Wir haben bei den Übungen „Sitz" und „Down" bereits gesehen, wie rasch ein Hund ein stellvertretendes Sichtzeichen mit dem Wortkommando verknüpft. Wir legen die Rehdecke vor unseren Hund hin und befehlen „Gib Laut!". Meist verknüpft er bereits nach einigen Tagen, daß die vor ihm liegende Rehdecke Lautgeben bedeutet. Er soll jetzt anhaltend bellen: mit Belohnungen nicht sparen.

„Gib Laut" auf Entfernung

Punkt 2 ist schwieriger. Hierzu leinen wir den Hund irgendwo an, legen die Rehdecke vor ihn hin, befehlen „Gib Laut!" und entfernen uns einige Schritte. Wahrscheinlich wird er jetzt verschweigen, hinter uns

50

her äugen oder sich gar hinlegen. Das muß sofort unterbunden werden. Wir leinen den Hund so an, daß er sich nicht hinlegen kann, hoch an einer Wand oder an einen Baumast. Wieder gehen wir einige Schritte fort mit dem erneuten Befehl „Gib Laut!". Gibt unser Hund nun Hals, kommen wir langsam mit wiederholten Befehlen „Gib Laut" näher und loben ihn, wenn er bellt. Anschließend erhält er einen Belohnungsbrocken oder sein Futter. Dies wird täglich geübt, so lange, bis unser Hund auf gewisse Entfernung hinter der Rehdecke längere Zeit bellt. Das Ende der Übung ist stets, daß wir langsam auf den halsgebenden Hund zugehen und ihn dabei ermuntern: „So recht, mein Hund, gib Laut!" Belohnungshappen.

Ganz allmählich leiten wir nun dazu über, daß der Hund selbst hinter die Decke geht und verbellt. Dazu führen wir ihn am Riemen zur ausgelegten Decke mit dem Befehl „Zum Bock" oder „Zum Stück". Auch hier ist Wiederholung alles, er wird nach einigen Übungen ohne Leine freiwillig zur Decke laufen.

Allmählich wird dann die Entfernung vergrößert, der Hund wird auf 20 m, auf 50 und auf 100 m „zum Bock" geschickt. Immer muß darauf geachtet werden, daß er hinter dem Stück steht und anhaltend verbellt, bis wir ihn abholen. Dauer des Verbellens: verschieden lange bis zu mindestens 10 Minuten. Klappt das nicht, müssen wir wieder eine Stufe zurückgehen und auf kurze Entfernung arbeiten. Auf gar keinen Fall darf geduldet werden, daß unser Hund die Decke verläßt. Hier muß gegebenenfalls eine Hilfsperson eingeschaltet werden, die sich in der Nähe der Decke außer Wind versteckt oder man schrecke auch vor Strafe nicht zurück, etwa dem Kriechen zur Rehdecke mit Stachelhalsband.

„Zum Bock!"

Verbleiben bei der Decke

Langsam wird die Ausbildung erweitert und variiert. Man wechselt das Gelände, nimmt statt der gewohnten Rehdecke eine Sauschwarte und vergrößert die Entfernung bis auf 400 m und mehr. Für weitere Entfernungen macht man sich die Einarbeitung des Hundes auf Schleppe zunutze. Schließlich wird auch am kalten Stück geübt; nun erst ergibt sich die erste Verbindung zwischen Schweißarbeit und Totverbellen, indem wir zunächst eine nicht zu lange künstliche Rotfährte legen, an deren Ende der Hund das Reh findet, das er nun verbellt.

Mühevoll und zeitraubend ist die Einarbeitung zum sicheren Totverbeller, es dauert meistens viele Monate. Viel Geduld gehört dazu, und außerdem muß die Möglichkeit bestehen, daß unser Hund mehrmals am warmen und am kalten Stück nach einer zunächst ausgearbeiteten künstlichen Schweißfährte anhaltend verbellt. Für die VGP mag er sicher arbeiten, ob er das später in der Praxis ohne ständige Übung immer tut, gleich ob es sich um Rehwild, Rotwild oder Sauen handelt, ob er auch nach einer etwa nötigen Hetze verbellt, wenn er ausgepumpt ist, das zeigt erst die Zukunft und hängt ab von der Sorgfältigkeit unserer Abrichtung, von der Erfahrung des Hundes und nicht zuletzt von seiner Veranlagung.

Der Totverweiser

Er soll vom verendeten Stück Schalenwild, das er gefunden hat, sofort zum Führer zurückkommen und ihm durch die Art seines Benehmens zeigen, daß er gefunden hat. Anschließend soll er den Führer zum Stück bringen.

Es gibt eine ganze Reihe verschiedener Verweisungsarten, je nach Abrichtung. Der Hund kann am Führer hochspringen, er kann nach dem Schweißriemen fassen oder nach einem lässig in der Hand gehaltenen Stöckchen greifen, er kann auch lautgeben vor seinem Führer. Eine Fotoreihe von der ausgezeichneten und sehr seltenen Arbeit eines „lauten Verweisers" finden Sie im Bildteil I.

Bringsel-verweisen

In der letzten Zeit hat sich indes das Bringselverweisen am meisten durchgesetzt, deshalb soll diese Verweisungsart beschrieben werden. Hinzu kommt, daß sie meiner Meinung nach eine ausgesprochen logische Folge der Dressur und Ausnutzung des bisher Gelernten darstellt.

Vorzüge

Im allgemeinen apportieren alle gut abgeführten Jagdhunde ausgesprochen gern: Beim Bringselverweisen wird dies ausgenutzt. Sie haben bisher gelernt, daß sie nach dem Finden von Wild aufnehmen und zum Führer zurück müssen: Beim Bringselverweisen ist dies auch der Fall. So ist es nur logisch, daß die Einarbeitung eines Bringselverweisers sehr viel einfacher ist als etwa die des Totverbellers, dem erst mühsam eingehämmert werden muß, daß er jetzt auf einmal beim Stück zu bleiben hat. Das Bringselverweisen erfordert viel weniger Zwangsdressur, man benötigt nicht einmal die halbe Zeit, die Methode prägt sich dem Hund fester ein, weil sie auf bisher Erlerntem basiert und wahrscheinlich macht sie ihm selbst auch mehr Freude!

Die Arbeitsweise: Am gefundenen Stück Schalenwild nimmt der Hund das Bringsel — ein Lederende, das er an der Halsung trägt — in den Fang, kommt zum Führer zurück und zeigt ihm damit, daß er gefunden hat. Anschließend führt er zum Stück. Voraussetzung zur Einarbeitung ist sicheres Apportieren und Beherrschung der Schleppenarbeit.

Das Bringsel

Man kann fertige Bringsel kaufen oder sich ein etwa 15 cm langes dickes Lederstück, etwa aus einem alten Riemen, selbst schneiden. Mit einem Karabinerhaken wird dieses Bringsel an der Halsung befestigt; will man wegen etwaiger Gefahren im Busch den Hund lieber ohne Halsung arbeiten lassen, kann man es ihm auch an einem Gummiband um den Hals hängen.

Zunächst lassen wir den Hund das Lederstückchen einige Male frei bringen, damit er es kennenlernt. Dann legen wir es auf die ausgestopfte Rehdecke und lassen es von dort apportieren; wir nehmen es ihm aber nicht gleich ab, sondern gehen mit ihm zur Decke „Zeig den Bock!", oder „Wo ist der Bock?", dort zeigen wir ihm ausdrücklich die Decke, lassen ihn sich setzen und erst jetzt vorschriftsmäßig das Bringsel ausgeben. Diese Übung wird mehrfach wiederholt: Bringsel auf der Rehdecke, von einigen Metern Entfernung apportieren lassen, zusammen mit dem bringseltragenden Hund zurück zur Decke mit dem Zuruf „Zeig den Bock!" oder „Wo ist der Bock?", Decke zeigen, ausgeben lassen, Belohnung. Den Befehl „Apport!" zum Aufnehmen des Bringsels an der Decke brauchen wir wahrscheinlich schon sehr bald nicht mehr zu geben.

Bringsel frei

Bringsel an der Halsung

Die nächste Stufe: Der Hund trägt das Bringsel an der Halsung. Es wird zur Einübung zunächst mit einer Schnur so verlängert, daß es den Boden berührt. Wir führen unseren Hund an die Rehdecke und befehlen ihm hier „Apport". Es kann sein, daß er jetzt zunächst die Decke apportieren will. Das verwehren wir mit kräftigem „Pfui" und zeigen ihm das vor ihm hängende Bringsel. Mit dem bringseltragenden Hund gehen wir einige Meter zurück, loben ihn und laufen wieder zur Decke mit dem Zuruf „Zeig den Bock!". Dort hat der Hund, immer noch mit dem Bringsel im Fang, „Sitz" zu machen und auszugeben. Ausgiebig loben und Belohnung geben. Mehrfach üben, Schwierigkeiten können kaum auftreten.

54

Die nächste Übung besteht darin, daß unser Hund mit dem umgehängten Bringsel allein „Zum Bock" geht, dort — zunächst noch mit Zuruf „Apport" — das Bringsel aufnimmt und zu uns zurückkommt, worauf wir wieder gemeinsam mit ihm „Zeig den Bock!" zur Decke laufen und dort ausgeben lassen. Es ist streng darauf zu achten, daß der Hund das Bringsel niemals vorzeitig, stets nur an der Rehdecke aufnimmt und auch nur dort abgibt.

Alle folgenden Übungen sind eigentlich nur noch Erschwerungen. So wird allmählich die Bringselschnur verkürzt, die Entfernungen zur Rehdecke auf 10 und 20 m verlängert und der Befehl „Apport" ganz weggelassen. In der Endphase hängt das Bringsel nur noch etwa 6—8 cm unter der Halsung — die Hunde lernen sehr rasch, sich das Lederstück mit elegantem Schwung in den Fang zu schleudern — und die Entfernungen werden mittels Schleppenarbeit bis zu 400 m und mehr ausgedehnt.

Mogeleien

Bei der Arbeit auf weitere Entfernungen oder in unübersichtlichem Gelände muß besonders am Anfang genau beobachtet werden — eventuell durch eine Hilfsperson —, daß unser Hund nicht mogelt. Durch das stete Üben weiß er ja genau, daß da irgendwo am Ende der Schleppe die Rehdecke liegt, die er verweisen soll. Es kann also passieren, daß er einfach „abkürzt", gar nicht erst hingeht, sondern sich schon vorher das Bringsel in den Fang wirft, um dann fröhlich beim Führer zu erscheinen. Dr. Tabel gibt hier den guten Rat, dem Hund zwar das Bringsel umzuhängen, an das Ende der Schleppe aber gelegentlich einmal ein Kaninchen oder ein Stück Federwild zu legen, das er ja bringen muß. Kommt unser Hund nun nach seinem Täuschungsmanöver arglos mit dem Bringsel im Fang zurück, setzt es ein Donnerwetter. An sich müßte der Hund allerdings schon an unseren verschiedenen Kommandos „Verloren apport!" oder „Zum Bock!" merken, um was es sich handelt. Deshalb hier noch einmal der Hinweis: Bei allen Arbeiten immer die gleichen entsprechenden Kommandos, deutlich und akzentuiert.

Vorbereitung zur Wasserarbeit

Frühe Gewöhnung

Je früher man einen Hund an das feuchte Element gewöhnen kann, desto besser. Bei mir platschen bereits die Welpen in einer größeren Vogeltränke herum, und wenn ein Wurf nicht gar zu früh im Jahr fällt, gehe ich mit der Mutterhündin und den etwa 7—8 Wochen alten Welpen zu einem Flüßchen, in dessen Nähe ich wohne, und das zu dieser Zeit nicht allzu viel Wasser führt. Wenn die Mutterhündin ins Wasser geht, spielen die Welpen am Ufer, folgen auch der Mutter und merken oft selbst kaum, daß sie nun schwimmen. Vor allem lernen sie dabei von frühester Jugend an das richtige Vorwärtsschwimmen.

Man kann also nicht früh genug anfangen, sofern es nicht zu kalt ist und das Wasser keine starke Strömung hat. Ältere Hunde zeigen meist etwas mehr Scheu vor dem unbekannten Element. In großen Dressurbüchern werden mehrere Hilfsmittel aufgezeigt, wie man einen Hund an das Wasser gewöhnt, etwa das Schwimmenlassen neben einem Kahn, das Hinüberziehen aufs andere Ufer mit einer unendlichen Leine und so weiter. Meistens werden dieses Hilfsmittel nicht nötig sein, denn wirklich wasserscheue Hunde trifft man selten. Ist tatsächlich ein Hund einmal nicht zu bewegen, freiwillig ins Wasser zu gehen, nimmt man am besten einen fertigen Hund mit, der es vormacht, oder — noch besser — man geht selbst mit hinein. Kommt ein Hund das erste Mal ans Wasser, wenn er bereits apportieren kann, überwindet oft die Apportierlust seine erste Scheu. Den größten Fehler begehen wir aber, wenn wir

Wasserscheue Hunde

56

einen jungen Hund aus Ungeduld einfach ins Wasser werfen oder den Ahnungslosen gleich vom Steilufer in tiefes Wasser mit starker Strömung schicken.

Richtiges Schwimmen

Hunde, die erst spät mit dem Wasser Bekanntschaft machen, bewegen sich häufig falsch im nassen Element. Statt flach zu liegen und praktisch „im Wasser zu laufen", richten sie sich vor Angst steil auf und platschen mit den Vorderläufen auf dem Wasser herum. Sie kommen so nicht vorwärts und können vor lauter Gischt vor sich nichts sehen. Lernt unser Hund das Vorwärtsschwimmen nicht schnell allein, müssen wir schon selbst mit ins Wasser und ziehen ihn dort an der Halsung (die ihm sonst grundsätzlich bei der Wasserarbeit abgenommen wird) vorwärts, damit er flacher im Wasser liegt. Oft genügt auch die kleine Hilfe, daß man sein Hinterteil mit der Hand unter dem Leib etwas anhebt.

Wasserwild

Unser Hund ist ein Jagdhund, er muß also lernen und wissen, daß auch im Wasser Wild ist. Sofern nur irgend eine Möglichkeit besteht, suchen wir mit ihm Teiche oder Bäche auf, in denen sich Wildenten oder Bleßhühner aufhalten. Solche Gewässer haben meistens auch eine gewisse Schilfdeckung, die unbedingt notwendig ist, damit unser Hund mit der Nase arbeitet und nicht nur mit den Augen. Fehlt uns Wasserwild, können wir sein jagdliches Interesse wecken, indem wir eine gekaufte wildfarbene Ente, der wir eine Schwinge gestutzt haben, vor ihm aussetzen. Je nach Temperament schicken wir ihn sofort hinter der Ente her oder erst nachdem er sie nicht mehr äugt. Fast immer fällt der jagdliche Groschen, wenn die Ente beim ersten Stöbern vor dem Hund geschossen werden kann. Sollte er indes aus Unkenntnis zunächst überhaupt kein Interesse an der Ente zeigen, so hilft ganz gewiß ein fertiger Wasserhund, der es vormacht.

Die Einführung in die Praxis

Im Felde

Der Feldhund Von einem guten Vorstehhund verlangen wir eine ausdauernde und flotte Quersuche, deren Tempo mit der Nasengüte in Einklang steht (durch Schnelligkeit darf kein Wild überlaufen werden), ein sicheres Ausmachen von Wild, sauberes Vorstehen und sicheres Nachziehen, absoluten Gehorsam an Wild, ferner ein verläßliches Verlorenbringen und vorschriftsmäßiges Apportieren.

Zwei Ansichten Die Jagdgebrauchshundleute vertreten zwei verschiedene Standpunkte. Die einen sagen, man solle einen Junghund überhaupt nicht mit ins Revier nehmen, bevor er eine Gehorsamsdressur hinter sich hat. Sie fangen meist auch sehr früh mit der Zwangsdressur an. Die anderen sind der Meinung, der junge Hund könne gar nicht früh genug mitgenommen werden, weil er nur so Erfahrungen sammeln könne. Sicherlich sind beide Wege gangbar, letzten Endes kommt es in der Hauptsache auf das Einfühlungsvermögen des Führers und Abrichters an. Richtig ist jedoch, daß gerade der junge Hund für seine körperliche und geistige Entwicklung viel Bewegung und Anregung braucht. Das Bekanntwerden mit den verschiedensten Wittrungen bereits im ganz frühen Alter bildet den Junghund in einem Maße, das später kaum nachgeholt werden kann. Er sollte sozusagen „eine glückliche Kindheit" genießen dürfen, um so freier und nervlich fester wird er später sein. Das bedeutet ja nicht, daß er verwildern und überhaupt nicht erzogen werden soll und daß ihm zu jeder Zeit freies Jagen erlaubt sein dürfte. Unsere Hunde sind keine gefühllosen Maschinen, sie sollen verständige Jagdgefährten sein oder werden. Ein Tier, das nur in der Furcht des Herrn groß wird, kann sich nicht entwickeln.

Unsere Vorstehhundschläge sind im allgemeinen verhältnismäßig frühreif und so durchgezüchtet, daß sie von Natur aus gute Voraussetzungen mitbringen. Dennoch müssen diese guten Anlagen gefördert und gefestigt werden.

Quersuche

Wir beginnen mit gutem Wind (Stirnwind) in der Mitte eines Feldrandes, schicken den Hund mit Armbewegung nach links und folgen ihm langsam. Ist er etwa 50 bis 100 m von uns entfernt, wenden wir uns nach rechts und gehen langsam auf die andere Feldseite zu. Der Hund, der uns „fortgehen" sieht, wird meist ebenfalls wenden und uns folgen. Wir lassen ihn an uns vorbei und schicken ihn wieder mit Armbewegung nach rechts voran. Sowie er sich weit genug entfernt hat, drehen wir erneut und gehen so im Zickzackkurs das gesamte Feld ab. Beim jeweiligen Wenden kann man auch einen kurzen Pfiff abgeben. Manche Hunde sind später so darauf eingedrillt, daß dieser kurze Pfiff „Wenden" bedeutet.

Zickzackkurs

Durch diesen Zickzackkurs lernt der Hund nicht nur die Quersuche, er wird auch besser auf seinen Herrn achtgeben, der sich ja immer wieder von ihm entfernt. Außerdem stellt er durch das häufige Wenden seine Nase von vornherein schneller auf die Arbeit mit halbem Wind ein. „Klebende" Hunde, das heißt solche, die sich ungern weiter vom Führer lösen, werden zu größerer Selbständigkeit erzogen.

Von vornherein vermeide man — so gut es eben möglich ist —, daß der junge Hund zu viel mit den Augen arbeitet. Ein etwas gedecktes Gelände, Bodenbewuchs, der nicht jeden Hasen auf 100 m sichtbar macht, eignet sich am besten.

Sehr passionierte Hunde machen sich natürlich leicht selbständig und fegen dann ohne die geringste Verbindung zum Führer wild in der Gegend umher. Hier hat ein Pfeifen oder Trillern keinen Sinn mehr, sie hören doch nicht. Ein Strafen beim Hereinkommen wäre falsch. Haben wir einen solchen Wildfang, der dauernd aus der Hand geht, nützt alles nichts, dann muß er zunächst mit aller Konsequenz das Down oder Halt lernen.

Vorstehen

Die meisten Vorstehhunde bringen die Anlage zum Vorstehen erbmäßig mit. Manche stehen bereits mit einigen Monaten vor, andere erst als Jährlinge. Es gibt auch Hunde, die zwar Wild markieren, es dann aber grundsätzlich hochmachen und zu greifen versuchen.

Hilfen

Steht unser Jagdhund auch als Jährling noch nicht sicher vor, muß nachgeholfen werden. Einfach ist es, wenn ein fertiger Hund zu Hilfe genommen wird. Steht dieser vor, können wir den Junghund an der langen Leine vorsichtig heranführen „Schone!". Jedes Vorpreschen kann sofort unterbunden werden. In jedem Fall lernt ein Hund das sichere Vorstehen aber, wenn er vorher im Down oder Halt durchgearbeitet wurde. Hier heißt es nur, den Hund genau beobachten und sofort niedertrillern, sowie wir sehen, daß er Wild in der Nase hat. Langsam zum Hund vorgehen, ihn leise loben „So recht, mein Hund, scho-one!", dann wieder vorschicken „Voran, laangsam, schoone!" und wiederum sofort in die Downlage gehen lassen, sowie er zu schnell anzieht. Gehorcht er jetzt nicht und springt trotz Downbefehl ein, muß die Strafe auf dem Fuße folgen: Stachelhalsband und Kriechen bis zu der Stelle, wo er liegen sollte.

Während es im allgemeinen nicht schwierig ist, einen Hund an Flugwild gehorsam zu machen, bereitet uns die „Hasenreinheit" häufig Verdruß und Ärger. Keine Wildart reizt den Hund so zum Greifen wie Hase und Kanin.

Viele Hasenhetzen auf Sicht taugen nur für temperamentlose Hunde, die am Führer kleben. Die bei weitem größere Zahl von Jagdhunden müssen wir bremsen. Das ist nur durch äußerste Konsequenz möglich.

Bevor wir mit der Erziehung zum Gehorsam am Hasen beginnen, muß unser Zögling in bezug auf Down (Halt) völlig durchgearbeitet sein. Er muß auf Zeichen, Pfiff oder Zuruf wie ein Taschenmesser zusammenklappen. Trotzdem wird es geschehen, daß dieser Hund, der das Down ohne Ablenkung so prächtig beherrscht, mit dem nächsten Hasen auf und davon geht. Wir nehmen daher zunächst die lange Feldleine.

Sie ist wahrhaftig nicht das Nonplusultra, als das sie in alten Lehrbüchern dargestellt wurde. Unsere Hunde sind viel zu intelligent, um auf so grobe Tricks hereinzufallen. Für den Anfang aber tut sie gute Dienste. Man nimmt also den Hund an die lange Feldleine, die am Stachelhalsband befestigt wird, und geht dahin, wo man am ehesten Hasen vermutet. Steht nun ein Hase auf und unser Hund will ihn hetzen, kommt von uns ein donnerndes „Down!" und ein Trillerpfiff. Beides wird er wahrscheinlich völlig überhören. Dann heißt es nur: Leine festhalten, gegenstemmen und den Hund — möglichst noch mit einem Ruck — in das Stachelhalsband laufen lassen. Er überschlägt sich fast dabei und hört nun auch unser zweites scharfes „Down!". Das war der erste Schock. Doch der zweite folgt sofort, denn nun muß er zur Strafe zu der Stelle kriechen, wo er beim ersten Befehl liegen sollte. Hier muß er in korrekter Lage eine Zeitlang liegen bleiben — und dann auf zum nächsten Hasen!

Das gleiche passiert vielleicht noch einmal oder zweimal — dann hat die Feldleine für diesen Zweck wieder ihre Dienste getan, denn unser Hund ist nicht dumm genug, nochmals in die Stacheln seiner Halsung zu laufen. Es klappt wunderbar mit der Feldleine, wir brauchen kaum zu trillern, da liegt er auch schon. Also auf ein neues, o h n e Feldleine — und heidi, ab geht die Post! Wieder hatte unser lieber Hund Bohnen in den Ohren. So geht es also nicht.

Bei Fuß

Wir lassen unseren Hund bei Fuß gehen und suchen uns selbst den nächsten Hasen. Das ist zwar mühseliger, aber jetzt haben wir den Hund unter Einwirkung und können noch mit einem Jagdhieb nachhelfen, falls er wieder hetzen will. Je mehr Hasen im Revier sind, desto besser, desto öfter können wir mit dem frei bei Fuß gehenden Hund den Gehorsam am Hasen üben. Gehorcht er nun und liegt einige Zeit vorschriftsmäßig am Boden, führen wir ihn zur Sasse, lassen ihn die Spur aufnehmen und arbeiten.

Gehorsam am Hasen, nicht Hasenreinheit

Sticht er dann den Hasen, darf er hetzen. Wir wollen unseren Hund nicht dazu erziehen, daß ein Hase grundsätzlich für ihn taub ist, er soll ja später verlorenbringen, das Interesse muß also bestehen bleiben. Er muß nur lernen, auch am Hasen absolut zu gehorchen.

Bei kurzer Suche

Der nächste Schritt ist, daß der Hund ganz kurz vor uns suchen darf und wir ihn dann vor dem Hasen

62

niedertrillern. Klappt auch das, wird die Entfernung vergrößert, der Hund freier gelassen, aber in sehr langsamer Steigerung. Unser Schlauberger kann nämlich hervorragend Entfernungen schätzen! So sieht man es häufig, daß ein Hund vor einem aufstehenden Hasen zunächst zögert, zum Herrn zurückäugt, „Entfernung schätzt" und dann bei einer gewissen Distanzüberschreitung fröhlich loshetzt. Da muß man nun selbst die Nerven behalten!

Gehorsam am Hasen erreichen wir also nur mit stetigen Down-Übungen, nicht nur am Hasen, auch an anderem Wild. Das Zusammenklappen muß dem Hund in Fleisch und Blut übergehen. Es muß korrekt ausgeführt werden und wir müssen immer wieder „am Feind" bleiben. So mancher Hund war bei der VGP perfekt im Gehorsam an Wild, um spätestens nach den nächsten Treibjagden, bei denen Herrchen auf Jagd ging und nicht auf die Hundeführung achtete, jeden Löffelmann bis an den Horizont zu bringen. **Down-Übungen**

Sie sind für junge Hunde eine Gefahr, sofern man selbst aktiv daran teilnimmt und sich weniger um seinen Hund kümmert. Zu leicht bleibt ein Winseln, ein Einspringen im Eifer des Gefechts ungerügt, fremde Hunde stören und verwirren unseren Zögling, und häufig wird auch noch der Fehler gemacht, daß er viel zu früh geschnallt wird. **„Gefährliche" Treibjagden**

Bei der Einarbeitung im Felde merke man sich, daß ein junger Hund grundsätzlich erst nach einer gewissen Wartezeit zum Apportieren geschickt werden sollte. Es ist sogar gut, wenn man sich hier und da einen frei liegenden geschossenen Hasen selbst holt. Nur zu schnell werden die Hunde sonst schußhitzig und rennen blindlings los, wenn es nur irgendwo geknallt hat. **Schußhitze**

Strafschuß

Die letzten Mittel, einen Hund gehorsam am Hasen zu machen, sind Strafschuß und das neue Teletaktgerät. Beides soll nicht bei jungen Hunden angewandt werden, am besten sollte man überhaupt die Finger davon lassen. Es besteht die Gefahr, daß ein mit diesen Methoden behandelter Hund im wahrsten Sinne des Wortes „hasenrein" und zum „Blinker" wird (das heißt, er verleugnet absichtlich jeden wahrgenommenen Hasen). Für einen Strafschuß sind bereits 2 $\frac{1}{2}$-mm-Schrote zu stark, eine normale Schrotschußentfernung zu nah, und wenn der Schuß gar noch die Breitseite des Hundes trifft, ist er ganz

Hände weg!

vom Übel. Ich kann nur raten: Hände weg vom Strafschuß, auch wenn man über den Ungehorsam noch so verzweifelt ist. So manches Unglück ist damit schon geschehen und so mancher Prozeß wurde darum geführt! Es muß unbedingt davor gewarnt werden.

Teletakt

Die Wirkung des Teletaktgerätes beruht auf dem elektrischen Schlag, den wir auf Entfernung auslösen können und der sich durch die besondere Halsung auf den Hund überträgt. Es gehört nach übereinstimmenden Urteilen aller Fachleute nur in die Hände eines Könners. Es wirkt unterschiedlich, je nachdem, ob wir es mit lang- oder kurzhaarigen Hunden zu tun haben, auch die Feuchtigkeit spielt

Vorsicht!

eine Rolle. Das Gerät kann nach zwei Seiten Wunder wirken: der damit behandelte Hund kann mit einem Schlage gehorsam sein — er kann aber auch ebenso schnell zu einem elend dahinschleichenden Häufchen Unglück werden, mit dem für längere Zeit nichts mehr anzufangen ist.

Im Wald

Der Waldhund

Von einem guten Waldhund wird verlangt, daß er größere Dickungen systematisch durchstöbert und

64

das Wild herausbringt, daß er in kupiertem Gelände kurz unter der Flinte sucht, daß er bei Pirschgängen niemals stört, daß er längere Zeit — abgelegt — still wartet, bis sein Herr zurückkommt, und daß er Wundfährten zuverlässig arbeitet.

Die Riemenführigkeit, das saubere Bei-Fuß-Gehen, das Ablegen und die Schweißarbeit wurden bereits besprochen.

Unter „Buschieren" versteht man die Jagd in Waldgebieten mit Unterwuchs, bei der die Hunde sicher vorstehen und kurz — auf Schrotschußentfernung — suchen. Eine weitere Suche wäre wegen der Unübersichtlichkeit des Geländes hier auch nicht am Platze. Wir verhalten uns nicht viel anders als im Felde, halten den Hund nur kurz, was wegen der geringen Entfernung nicht schwer ist. **Das Buschieren**

Beim Einarbeiten darf man nur nicht in den Fehler der eigenen Schußhitze verfallen, wenn ein Karnickel vorbeihuscht, ein Fasan hochpurrt oder ein Waldhase sich davonmachen will. Erst wenn unser Hund sich vorschriftsmäßig benimmt, vorsteht und nicht nachprellt, kann der Schuß fallen. Mit dem Apportierenlassen etwas warten. Gerade in kupiertem Gelände brauchen wir absoluten Appell. Von Rehen ist der Hund immer abzupfeifen.

Das Buschieren ist eine reizvolle Jagd, und unsere Hunde begreifen meist überraschend schnell, daß sie hierbei kurz suchen müssen.

Ein Stöberer soll große Dickungen planmäßig absuchen und dabei im Gegensatz zur Buschierarbeit nicht vorstehen, sondern alles Wild in weiter Suche oder durch Verfolgen von Fährten und Spuren hochmachen und den außerhalb stehenden Schützen zutreiben. Er arbeitet also weitgehend selbständig und darf und muß sogar hetzen. Aus diesem Grunde soll **Das Stöbern** man mit der Stöberarbeit besser erst dann beginnen, wenn der Hund im Gehorsam gut durchgearbeitet ist. Sehr temperamentvolle Hunde sind in kürzeren Abständen zurückzurufen, damit sie nicht aus der Hand gehen.

Zu Beginn wähle man wildreiche Dickungen, in denen man allerdings möglichst wenig Rehwild erwartet. Wild, das die Dickung verläßt ohne zur Strecke zu kommen, soll der Hund nicht weiterhetzen; er ist abzupfeifen und wieder in die Dickung zu schicken. Bei der Stöberarbeit wird es deutlich, weshalb wir den stummen Hund ablehnen müssen. Nur der laute Hund macht die Schützen darauf aufmerksam, wohin die Jagd geht, außerdem erschrickt das Wild vor stumm jagenden Hunden viel mehr und geht meist in kopfloser Flucht davon.

Der Laut

An dieser Stelle wäre noch etwas Grundsätzliches über den Laut zu sagen.

Man unterscheidet spurlaute, sichtlaute, waidlaute und stumme Hunde. Die beiden letzteren sind unerwünscht, die meisten Rasseverbände schließen sie von der Zucht aus. Über den stumm jagenden Hund braucht kein Wort mehr verloren zu werden.

Waidlaut

Unter waidlaut jagenden Hunden versteht man solche, die kläffend in der Gegend herumsausen, ganz egal, ob sie Wildwitterung in der Nase haben oder nicht. Sie machen oft einen unkonzentrierten Eindruck und sind es wohl auch; hören sie einen anderen Hund laut jagen, fegen sie jiffend hinterdrein und machen die ganze Gegend rebellisch.

Spurlaut

Spurlaute Hunde werden laut, wenn sie auf eine wenigstens noch halbwarme Spur treffen, ohne das Stück Wild — meist Hase oder Kanin, oder beim sogenannten „Fährtenlaut" das Reh — gesehen zu

66

haben. Sowie sie die Spur verlieren, verstummen sie, um wiederum laut zu werden, wenn sie sie wiedergefunden haben.

Der sichtlaute Hund ist, wie der Name sagt, nur hinter sichtigem Wild laut.

Sichtlaut

Es gibt dabei Unterschiede und Zwischenstufen. So jagt mancher Hund nur dann „spurlaut" weiter, wenn er einen Hasen sichtlaut anhetzte; das ist aber nicht der wirkliche Spurlaut. Manche spurlauten Hunde geben weiter Laut, auch wenn sie die Spur kurz verloren haben; das kann indes nicht immer als Waidlaut bezeichnet werden, sondern ist oft auch nur ein Zeichen jugendlicher Passion und verliert sich später. Auf der anderen Seite gibt es sichtlaute Hunde, die im Walde oder auch in der Dämmerung spurlaut jagen.

Die Schweißarbeit

In der Praxis m u ß die erste Arbeit des Hundes erfolgreich sein. Man lege seinen jungen Hund nur dann zur Fährte, wenn man weiß, daß es sich um eine Totsuche handelt. Die Länge der Arbeit spielt dabei keine Rolle. Auch ein Verbeller oder Verweiser muß durch die üblichen Präliminarien (Ablegen, Riemen abdocken, Schweißhalsung umlegen und so weiter) auf die kommende Arbeit eingestellt werden und das erste Stück am Riemen arbeiten.

Nur Totsuche

Das erste warme Stück Schalenwild ohne Menschenwitterung ist für den Hund ein Erlebnis, das ihm in freudigster Erinnerung bleiben soll. Wenn er zufassen will, so darf er das — aber nur an der Drossel! Jede andere Stelle wird ihm verwehrt. Ich halte das Genossenmachen nach dem Aufbrechen für eine schöne und waidgerechte Sitte und glaube nicht

Genossenmachen

67

daran, daß Hunde dadurch zum Anschneiden verführt werden. Erfahrene Hunde liegen beim Aufbrechen daneben und warten sichtlich auf ihre Belohnung: ein Stück Milz oder eine Handvoll Schweiß.

Im Wasser

Bei der Entenjagd müssen wir vom Hund verlangen a) sicheres Bringen, b) weites Stöbern im dichten Schilf, c) gute Lenkbarkeit durch Zuruf oder nur durch Zeichen.

Jeder Hund schüttelt sich erst einmal das Wasser aus der Jacke, wenn er an Land kommt. Auch unser Enten-Apporteur will das tun und legt deshalb die Ente zunächst am Uferrand ab — mit dem Erfolg, daß sie, sofern sie nur geflügelt ist, blitzschnell im Wasser wegtaucht. Dies vor allem muß unser angehender Wasserhund lernen: erst abgeben — dann schütteln. Es hat keinen Zweck, dicht am Ufer zu stehen und „Apport, apport" zu schreien; im Gegenteil, man läuft am besten schnell einige Schritte zurück, sowie der Hund aussteigen will. Fast immer folgt er und vergißt dabei das Schütteln, worauf wir schnell wieder auf ihn zugehen mit dem strengen Befehl „Sitz!" und dann ausgeben lassen. Gerade bei der Entenjagd ist auf sauberes Bringen und Ausgeben zu achten.

Um dem Hund das Stöbern im Schilf beizubringen, nutzen wir seine Bringfreude aus. Eine geschossene Ente wird weit ins Schilf geworfen. Zunächst darf unser Hund sehen, wohin sie etwa fällt, er muß im Schilf sowieso noch suchen. Später wirft man die Ente fort, ohne daß er es sieht, und schickt ihn mit dem gleichen Befehl hinterher. Je öfter wir ihn zum Erfolg bringen können, desto eher wird er begreifen, daß er nach intensivem Suchen das Wild im Schilf auch findet.

Bei diesen Such- und Apportierübungen wird man den Hund auch lenken müssen, damit er sich nicht zu rasch abarbeitet. Wasserarbeit strengt die Hunde enorm an. Wir lenken ihn mit den gleichen Bewegungen wie im Felde. Anfangs können wir auch Steine in die Gegend werfen, wo die Ente liegt, vergessen dabei aber nie das Einwinken. Niemals darf man mit Holzstückchen werfen; eigentlich sollte man dies auch nie „zum Spaß" tun. Nur zu leicht gewöhnen sich die Hunde daran, Äste zu apportieren. Unsachgemäß eingearbeitete Hunde sieht man auf Prüfungen und im praktischen Jagdbetrieb oft Holzstücke oder Schilfbüschel aus dem Wasser bringen, wenn sie nicht sofort die Ente finden, während ihr Herrchen am Ufer unentwegt „Apport, apport" schreit.

Ein Grundsatz: Nach jeder Wasserarbeit m u ß der Hund sich trockenlaufen. Je kälter es ist, desto intensiver braucht er die Bewegung. Wenn man nach der Entenjagd im Winter seinen noch nassen Hund in den Zwinger sperrt, braucht man sich nicht zu wundern, wenn er frühzeitig altert, wenn Rheuma und Nierenkrankheiten sich einstellen. Er gehört ins geheizte Haus bis er trocken ist, oder er braucht wenigstens einen Raum mit reichlich trockenem Stroh, in dem er sich wälzen und in das er sich einschieben kann.

Die Hündin und ihre Welpen

Der Aberglaube, eine Hündin sei ein für allemal verdorben, wenn sie von einem Rüden anderer Rasse belegt wurde, ist leider immer noch verbreitet. Selbst wenn sie den „unreinen" Wurf großzog, hat sie mit dem Rüden blutmäßig nichts mehr gemein.

Die Hitze

Eine Hündin wird normalerweise zweimal jährlich heiß, man sagt auch, sie wird läufig oder sie färbt. Der Abstand der Zeiten ist bei den einzelnen Tieren verschieden, er beträgt 6 bis 8, manchmal auch 9 Monate. Die erste Hitze setzt im Alter von 7 bis 10 Monaten ein. Die Schnalle schwillt an und in den ersten 10 bis 12 Tagen tritt Blut, dann eine hellere Flüssigkeit aus. Eine Periode dauert etwa 3 Wochen. In den ersten und letzten Tagen brauchen wir die Annäherung von Rüden nicht zu fürchten, die Hündin wird die Freier stets wegbeißen. „Gefährlich" ist lediglich die Zeit etwa zwischen dem 9. und 15. Tag. Die gehorsamste Hündin kann in dieser Zeit unberechenbar sein und in ihrer Arbeit unzuverlässig.

Die ungewollte Verbindung

Haben wir einmal nicht aufgepaßt und kommt es dazu, daß ein Rüde unsere Hündin belegt, darf man nicht versuchen, die beiden Hunde mit Gewalt auseinanderzubringen. Weder Schläge noch der berühmte kalte Wasserguß nützen, Rüde und Hündin hängen 10 Minuten bis eine halbe Stunde — biologisch bedingt — fest. Gewaltsames Trennen führt zu Verletzungen.

Zur Not kann der Tierarzt den ungewollten Wurf verhindern; am 5., 7. und 9. Tag nach dem Deckakt bekommt die Hündin Hormonspritzen. Danach setzt die Hitze erneut ein, wir müssen also wieder aufpassen. Man darf sich auf diese Injektionen indes nicht verlassen, sie sollten nur im Notfall angewendet werden, Hormone sind nicht gerade harmlos. Eine zu häufige Anwendung kann eine Gebärmuttervereiterung (Pyometra) verursachen.

Die geplante Paarung

Die Meinung, jede Hündin müsse einmal einen Wurf haben, damit sie gesund bleibe, stimmt nicht. Das muß nicht sein. Haben wir aber eine Hündin, die sowohl im Exterieur wie auch in der Leistung über dem Durchschnitt steht, ist es durchaus zu empfehlen, daß mit ihr gezüchtet wird. Wer allerdings glaubt, mit Hundezucht ein Geschäft machen zu können, wird meist eine Enttäuschung erleben. Ein guter Züchter darf weder Mühe noch Kosten scheuen, er muß Zeit und Geld aufwenden, außerdem muß geeigneter und ausreichender Platz vorhanden sein.

Immer wieder wird der Fehler gemacht, daß angehende Züchter den nächstbesten „guten" oder „schönen" Rüden gleicher Rasse zum Vater des kommenden Wurfes machen. Später wundern sie sich dann, wenn den Welpen vom Zuchtbuchamt die Ahnentafeln verweigert werden. Jeder Rasseverband

**Zucht-
bestimmungen**

hat bestimmte Zuchtrichtlinien, ohne deren Einhaltung kein Wurf eingetragen wird. Es ist daher immer richtig, wenn man sich vor der Rüdenwahl bei dem zuständigen Zuchtverein informiert.

Zeitpunkt der Paarung

Der 11. bis 15. Tag nach Beginn der Hitze ist der richtige Zeitpunkt für die Paarung. Es gibt heikle Hündinnen, die einen Rüden nur an einem einzigen Tag zulassen, den wir „abpassen" müssen. Die meisten Hündinnen lassen sich jedoch mehrmals und von verschiedenen Rüden belegen, sofern sie Gelegenheit dazu haben. Auch wenn der ausgewählte Zuchtrüde erfolgreich war, muß also in den nächsten Tagen Obacht gegeben werden! Es könnte sonst sein, daß die Hündin Welpen von verschiedenen Vätern zur Welt bringt, reinrassige und daneben Bastarde. Die Folge ist, daß der gesamte Wurf später vom Zuchtverein nicht anerkannt wird.

Die Trächtigkeit

Fütterung

Die Tragezeit beträgt 9 Wochen, im allgemeinen ziemlich genau 63 Tage. In dieser Zeit stellen wir die Ernährung der Hündin allmählich um. Sie darf nicht fett werden! Das Futter wird weniger in der Quantität als in der Qualität gesteigert und mit Frischfleisch, auch rohen Eiern, geriebenen Möhren oder anderem Gemüse verbessert. Für den erhöhten Kalkbedarf geben wir vermehrt Kalbsknochen oder Hammelfüße. Bis zur 4. oder gar 5. Woche kann man der Hündin nicht ansehen, ob sie aufgenommen hat oder nicht. Viel Bewegung ist gut. Sie muß in der ersten Hälfte der Tragezeit auch entwurmt werden, später könnte diese Prozedur zum Verwerfen führen.

Ein ungeübtes Auge sieht der angehenden Mutter meist erst in der 6. Woche an, daß sie Welpen trägt.

Die Lenden erscheinen ausgefüllter und der nach hinten aufgezogene Bauch senkt sich und bildet mit dem Rippenkorb immer mehr eine waagerechte Linie. Erst später rundet sich der Leib. Die Hündin sollte nun etwas geschont werden, vor allem nicht mehr hetzen oder springen, auch keine Schwergewichte apportieren. Das Futter — insgesamt mehr als sonst — geben wir in zwei bis drei Mahlzeiten. Vor allem fangen wir an, sie an ihre Wurfkiste zu gewöhnen. Schon einige Tage vor dem Werfen soll sie die Kiste als ihr Lager ansehen. Weisen wir ihr den neuen Platz erst am 62. oder 63. Tag zu, ist sie ohnehin erregt und gewöhnt sich schlecht um.

Die Wurfkiste

Eine Holzkiste mit Deckel eignet sich am besten. Sie soll so hoch sein, daß die Hündin mit gesenktem Kopf darin stehen kann, ein wenig länger als sie selbst, damit sie beim Säugen bequem liegen kann, und so breit, daß bei ausgestreckten Läufen noch Platz bleibt. Zweckmäßig ist ein herausnehmbarer gehobelter Lattenrost am Boden, der genau passen muß und dessen Spalten so schmal sind, daß die Welpen mit ihren kleinen Pfötchen nicht hineingeraten können. Der Raum zwischen Boden und Lattenroste wird mit Torfmull ausgefüllt, der jede Feuchtigkeit aufsaugt. Zum Eingewöhnen kann man die gewohnte Matte in die Kiste geben, im Zwinger frisches Stroh. Einen oder zwei Tage vor dem Werfen sollten alle Unterlagen aber wieder weggenommen werden; die Hündin versucht ohnehin, alles wegzukratzen; sie wirft am liebsten auf blankem Boden. Sie macht das instinktmäßig richtig, diesen glatten Boden kann sie am besten sauberhalten. In den Innenseiten der Kiste können wir noch in Rückenhöhe der liegenden Hündin kräftige Leisten

annageln, sie verhindern ein versehentliches Tot-
drücken der Welpen an den Wandseiten. Auch das
Schlupfloch muß unten mit einer genügend hohen
Leiste versehen werden, sonst könnte einmal so ein
kleiner blinder Welpe herausfallen und kalt werden.
Nicht jede Hundmutter ist so umsichtig, daß sie den
Welpen gleich wieder ins warme Nest holt.

Das Werfen

Anzeichen

Alle Anzeichen, die auf die bevorstehende Geburt
hinweisen, werden nur kurz vorher sichtbar. 24 Stunden vor dem Werfen sinkt die Normaltemperatur der
Hündin von etwa 38 bis 38,5 Grad um ein Grad auf
37 bis 37,5 Grad und steigt erst bei Eintritt der
Wehen wieder an. Häufig verweigert sie auch das
Futter. Ihr Leib senkt sich, die Flanken fallen ein.
Einige Stunden vor dem Wurfakt wird sie unruhig,
läuft suchend hin und her, kratzt in ihrer Kiste
herum und macht einen nervösen und fahrigen Eindruck. Setzen die Wehen ein, beginnt die eigentliche
Geburt, die bei einem gesunden Tier meist glatt
vonstatten geht. Es ist, als ob die vorher so unruhige
Hündin sich jetzt ganz auf ihre Arbeit konzentrierte.

Geburt

Bei der Geburt erscheint zuerst eine Blase, die mit
einer bräunlich-grünlichen Flüssigkeit gefüllt ist. Sie
platzt und feuchtet die Geburtswege an. Dann erscheint mit Preßwehen der erste Welpe. Eine dünne
weißliche Haut umgibt ihn wie ein Sack. Mit saugen-
dem Lecken öffnet die Mutter die Haut, frißt die
Nachgeburt auf und nabelt dabei den Welpen ab.
Das Fressen der Nachgeburten soll man nicht verhindern, sie enthalten nützliche Hormone. Die Hündin
leckt das Kleine darauf nicht gerade zart ab, das
Mäulchen wird sauber, die Atmungsorgane werden
frei, und schon erklingt der erste quäkende Schrei. So
unbeholfen das kleine blinde Bündel aussieht, mit

74

Sicherheit robbt es auf allen Vieren den Weg zu den mütterlichen Zitzen. Die Wurfzeit kann sich — je nach Stärke des Wurfes — über 5—10 Stunden hinziehen. Nach dem Werfen ist das Lager der Hündin ganz sauber.

Hilfen

Bei gesunden Hündinnen braucht man im allgemeinen während der Geburt nicht einzugreifen. Niedrigläufige und besonders Zwerghund-Rassen werfen allerdings meist schwerer, und auch bei instinktschwachen Hündinnen oder Erstgebärenden ist Hilfe manchmal am Platze. Mangels genügender Wehen kann zum Beispiel ein Welpe nur halb herausgepreßt werden und gleitet dann wieder zurück; geschieht das mehrmals, zerreißt vielleicht die feine Haut, die ihn umgibt, und er stirbt ab. Wir können vorsichtig ziehen helfen, sobald der Welpe für uns greifbar ist, aber das Ziehen muß gleichzeitig mit einer Preßwehe erfolgen. Manchmal weiß eine unerfahrene Hündin zunächst nichts mit ihrem ersten Welpen anzufangen, der nun in seinem Hautsack und der Nachgeburt daliegt. Dann müssen wir helfen. Wir zerreißen die Haut am Kopfende des Welpen und streifen sie ab; mit einer stumpfen sauberen Schere nabeln wir den Welpen etwa 3 Zentimeter von seinem Bäuchlein ab, öffnen das Mäulchen und säubern es von Schleim. Anschließend rubbeln wir ihn mit einem trockenen Tuch so lange ab, bis der erste Quieker ertönt. Wenn man einmal zugesehen hat, wie so ein kleiner Welpe durch das Lecken der Mutter hin und her geworfen wird, weiß man, daß eine allzu zarte Behandlung nicht immer die Umstellung auf das Atmen bewirkt.

Ein Tierarzt muß gerufen werden, wenn drei bis vier Stunden nach den ersten Wehen noch kein Welpe da ist oder wenn die Geburt stillzustehen scheint und die Wehen nachlassen. Vielleicht muß eine wehenverstärkende Spritze gegeben werden oder ein Welpe liegt nicht normal.

Nach dem Werfen muß die Hündin Ruhe haben. Meist schläft sie. Futter braucht sie nicht, ist aber oft dankbar für Wasser oder verdünnte Milch.

Die ersten Wochen

Wolfskrallen

Am Tage nach dem Werfen inspizieren wir unseren Wurf. Etwaige Wolfskrallen bei einigen Welpen müssen gleich in den ersten Lebenstagen mit einer Schere entfernt werden. Ebenso müssen bei manchen Rassen auch die Ruten kupiert werden. Ein Tierarzt oder der Zuchtwart beraten und helfen hier gern.

Kupieren

Tätowieren

Die meisten Zuchtverbände empfehlen eine Tätowierung der Welpen oder schreiben sie sogar vor. Sie hat den Vorteil, daß jeder Hund identifiziert werden kann und ist ein Beweis dafür, daß der Hund rein gezüchtet und in ein Zuchtbuch eingetragen wurde. Im Alter von etwa 8 Wochen wird den Welpen eine Nummer in den Behang tätowiert.

In den ersten Wochen brauchen wir uns kaum um die Welpen zu kümmern. Alle Arbeiten verrichtet die Mutter. Während des Säugens beleckt sie ihre Welpen ständig und beseitigt damit auch die kleinen Geschäftchen. Das Lager bleibt stets sauber. Heute entstehen auch kaum Schwierigkeiten bei vorzeitigem Zufüttern, wenn die Mutter zu wenig Milch hat. Es gibt vollwertige Welpennahrung in der Art von Milchpulver, die schon vom ersten Tag an gegeben werden kann.

Während der Säugezeit braucht die Hündin bestes Futter, das wir ihr suppiger reichen als sonst. Mit einem Zusatz von Lebertran, Kalk und Vitaminen bleibt sie in guter Kondition. Zu jeder Zeit muß sie die Möglichkeit haben, sich vor den Welpen zurückzuziehen, die mit zunehmendem Alter recht zudringlich werden und ihre Mutter arg hernehmen. Etwa vom zwölften Lebenstag an öffnen die Welpen die Augen, je besser sie ernährt sind, desto später. Mit drei Wochen krabbeln sie schon lebhaft umher. Etwa um diese Zeit beginnen wir mit dem Zufüttern.

Für den Züchter beginnt nun die Arbeit. Die Welpen müssen jetzt ihre Kiste verlassen können, um ihre Geschäftchen draußen zu verrichten. Sobald sie nicht mehr ausschließlich Muttermilch bekommen, hört die Hündin nämlich auf, sie sauberzulecken. Zunächst bekommen sie durchgesiebten, „schlank" gekochten Haferflockenbrei mit Milchzusatz und einer Prise Zucker. Das erste Mal beim selbständigen Fressen wird man ihre Schnäuzchen vorsichtig in den höchstens handwarmen Brei schieben müssen, dann haben sie indes sofort begriffen, worauf es ankommt. Fünf Mahlzeiten sollten sie täglich erhalten neben der Muttermilch. Bald schon setzen wir rohes Schabefleisch und fein geriebene Möhren zu. Lebertran wird fast immer gern aufgeschleckt. Vom Tierarzt oder Zuchtwart lassen wir uns über eventuelle Gaben von Vigantol und Kalkpräparaten beraten, ebenso über die erste Wurmkur, die jetzt erforderlich ist. Alle Welpen haben Spulwürmer, man wundert sich oft, woher sie kommen. Stark aufgetriebene Bäuchlein nach dem Fressen sind unverkennbares Merkmal von Wurmbefall. Spulwürmer sind gefährlich für Welpen, sie können daran eingehen!

Erstes Füttern

Wurmkur

Welpen sollen sich in den ersten Lebenswochen viel im Freien bewegen können und nach Herzenslust spielen. Nur pralle Sonne und vor allem Nässe vertragen sie nicht. Was der Züchter jetzt an Qualitätsfutter einspart, kann kaum je wieder eingeholt werden. Mit frühestens acht Wochen — besser noch später — können die Welpen abgegeben werden.

Krankheit und Tod

Es wäre unverantwortlich, würden an dieser Stelle in kurzer Form Rezepte gegen verschiedene Hundekrankheiten gegeben. Es hängt so vieles von der Größe, dem Alter, dem Gewicht der verschiedenen Hundepatienten ab, daß das gar nicht möglich ist. Man kann sogar kaum von einer Hausapotheke für Hunde in Laienhand sprechen, wenn man von Pinzette, Watte und einigen Verbandspäckchen absieht. Wichtig ist nur ein Fieberthermometer.

Es gibt auch keine Rezepte, wie wir erkennen, daß unser Jagdhund krank ist. Merkmale, daß etwas bei ihm nicht stimmt, sind Mattigkeit und glanzlose Augen, Freßunlust, häufiges Würgen oder Erbrechen, Ausfluß aus Augen und Nase, ständiges Kratzen oder Beknabbern des Fells, übermäßiger Durst, Husten, schnelle und flache Atmung.

Das häufig gebrauchte Schlagwort von der „Abhärtung" der Hunde ist meistens fehl am Platze. Unsere Jagdhunde sind keine Wildtiere mehr, sondern auf Hochleistung gezüchtete Produkte. Je pfleglicher sie behandelt werden, desto länger bleiben sie gesund und in guter Form. So mancher „abgehärtete" — sprich vernachlässigte — Hund ist bereits mit acht Jahren am Ende seiner Leistungskraft, nierenkrank und rheumageplagt. Die Tierärzte können ein Lied davon singen.

Temperatur

Die Normaltemperatur von Hunden beträgt etwa 38 bis 38,5 Grad C, als Fiebergrenze kann 39 Grad C angesehen werden. Hat unser Hund höhere Temperatur, ist in jedem Fall sofort ein Besuch beim Tierarzt nötig. Gemessen wird die Temperatur im Weidloch. Für Ungeübte eignet sich ein Spezial-Thermometer für Tiere gut, es ist am unteren Ende stärker abgestumpft. Der stehende Hund wird festgehalten, die Rute senkrecht hochgehoben und das eingefettete oder angefeuchtete Thermometer ein wenig schräg nach oben eingeschoben. Zwei bis drei Minuten Meßzeit genügen.

Das Eingeben von Arzneien

Flüssige Arznei gießen wir in die Backentasche; der Kopf wird dazu hochgehalten und die Lefzen werden abgezogen; gleich nach dem Eingeben muß man den Fang zuhalten, bis der Hund geschluckt hat. Das Eingeben von Kapseln oder Tabletten zeigt sich oft schwieriger. Manche Hunde verstehen es meisterhaft, die unerwünschten Pillen in den Backentaschen verschwinden zu lassen, um sie nach einiger Zeit heil von sich zu geben. Sogar in Wurst verpackte Tabletten werden säuberlich „ausgewickelt", die Wurst verschwindet und die Tablette liegt unversehrt vor uns. Vorsichtshalber ein paar Probehappen „ohne" geben, schnappt er nach mehr, schieben wir die Tablette in den nächsten Leckerbissen, den er dann fast immer mitsamt Medikament verschluckt. Man kann dem Hund die Tablette auch einfach tief hinten in den Schlund stecken, hält ihm darauf den Fang zu und streicht dabei sanft über die Kehle, bis er schluckt. Dies erfordert etwas Übung.

Impfungen

Die ehemaligen Geißeln der Hunde, Staupe, Infektiöse Leberentzündung (Hepatitis) und Stuttgarter Hundeseuche (Leptospirose), haben an Schrecken verloren, seit es Impfungen dagegen gibt. Die erste Impfung, die nach kurzer Zeit wiederholt werden soll, kann im Alter von acht bis zehn Wochen erfolgen. Zweckmäßig ist die Dreierimpfung (SHL) gegen alle drei Krankheiten. Nach neueren Erkenntnissen garantiert die Staupeimpfung eine etwa zweijährige, die Leptospirose-Impfung eine einjährige Immunität. Gegen Hepatitis wird gemeinsam mit der Staupe-Vakzine geimpft.

Seit einigen Jahren ist in Deutschland auch die Tollwutimpfung für Hunde erlaubt und für unsere Jagdhunde besonders wichtig. Die Hunde zeigen dabei keine Nachwirkungen. Hunde, die an einer Prüfung des Jagdgebrauchshundverbandes teilnehmen, müssen eine Tollwutimpfbescheinigung vorweisen.

Grundregel: Suche den Tierarzt auf, wenn Freund Hund „anders" erscheint als er sonst ist; hat er gar Fieber, eile dorthin, oft können schon einige Stunden entscheidend sein!

Das Ende

Allzu kurz erscheint uns das Leben unseres Hundes. Kaum ist er auf der Höhe seiner jagdlichen Erfahrungen und uns ein wirklicher Jagdkumpan, fängt er auch schon an zu altern. Stark beanspruchte Hunde, die bei Wind und Wetter draußen sind, die im Winter viel im Wasser arbeiten, altern meist rascher. Mit 15 Jahren ist er ein Greis, die meisten erreichen nicht einmal dieses Alter. Gehör und Sehkraft lassen früher nach als der Geruchssinn. Häufig will auch das Herz nicht mehr recht mitmachen. Wir müssen uns auf einen baldigen Abschied einstellen.

Bevor sich Dein Hund selbst zur Last fällt und leidet, schenke ihm einen gnädigen Tod! Es ist der letzte Dienst, den Du ihm erweisen kannst, eine Dankbarkeitsbezeugung gegenüber Deinem besten Jagdkameraden für ein Leben der Treue und Hingabe für Dich, seinen Herrn!

Organisation im Jagdgebrauchshundwesen

Bei den meisten Hunderassen — nicht nur bei Jagdhunden — begann die planmäßige Zucht etwa im
letzten Drittel des vergangenen Jahrhunderts. Neben
dem Begriff „Reinzucht" (Zucht nach Rassemerk-
malen) tauchte auch der Begriff „Leistungszucht"
auf. Zuchtvereine und Jagdgebrauchshundvereine   **Zuchtvereine**
wurden gegründet und Prüfungen veranstaltet.

1899 schlossen sich diese ersten Vereine zusammen   **Gebrauchs-**
und gründeten den „Verband der Vereine für Prü-   **hundvereine**
fung von Gebrauchshunden zur Jagd", den jetzigen
„Jagdgebrauchshundverband". Er ist die Dachorga-   **Jagd-**
nisation, der die jagdkynologischen Vereine und Ver- **gebrauchs-**
bände angeschlossen sind.   **hundverband**

Bevor der Jagdgebrauchshundverband (JGHV) gegründet wurde, wies Hegewald bereits 1891 auf die
Notwendigkeit eines Gebrauchshund-Stammbuchs
hin, in dem Prüfungsergebnisse und leistungsge-
prüfte Hunde festgehalten werden sollten. Nach an-
fänglichen Schwierigkeiten erschien 1897 die erste
Folge des Deutschen Gebrauchshund-Stammbuchs
(DGStB) als Beilage zu „Oberländers Jagdzeitung"   **DGStB**
unter der Schriftleitung Hegewalds. Nach mehr-
fachem, oft kritischem Verlagswechseln ging das
Eigentumsrecht am DGStB im Jahre 1906 in die
Hände des inzwischen gegründeten Jagdgebrauchs-

hundverbandes über. Seitdem hat es sich von schmalen Heftchen zu dicken Nachschlagewerken entwickelt; das DGStB stellt mit seinem ungeheuren statistischen Material die Entwicklungsgeschichte des deutschen Jagdgebrauchshundwesens dar, es ist ein einmaliges Werk, um das uns so manche Tierzuchtsparte beneidet. Für ernsthafte Jagdhundzüchter ist es nahezu unentbehrlich.

Verbands-prüfungen

Der JGHV setzte für die große Zahl der Vorstehhunde einheitliche Prüfungsordnungen fest, die zwar im Laufe der Jahre immer wieder in einigen Punkten geändert wurden, an die sich die Gebrauchshundvereine aber nach wie vor zu halten haben. Es handelt sich hierbei um die Verbands-Jugendprüfungen (VJP), die Verbands-Herbstzuchtprüfungen (HZP) und die Verbands-Gebrauchsprüfungen (VGP). Die häufig gebrauchte Bezeichnung Vollgebrauchsprüfung ist in diesem Zusammenhang also falsch. Seit 1961 besteht ferner noch eine Ordnung für Verbands-Schweißprüfungen (VSwP). An dieser Prüfung können Jagdhunde aller Rassen teilnehmen.

Während in früheren Zeiten nur diejenigen Prüfungen im DGStB erschienen, die nach den Regeln des JGHV abgehalten wurden, erfaßte man später auch die Leistungsprüfungen von Jagdhundrassen, die eigene, meist rassebedingte, Prüfungen durchführen, so die Prüfungen der Schweißhunde und Dachsbracken, der Pointer und Setter, der Wachtel und Jagdspaniels, die Gebrauchs- und Bauprüfungen der Jagd- und Foxterrier und die Vielseitigkeitsprüfungen der Teckel. Außerdem sind im DGStB die verschiedenen Meuten angegeben, die in Deutschland noch arbeiten.

82

Die Prüfungen
des Jagdgebrauchshundverbandes

Jeder Jäger, der sich einen Jagdhund angeschafft hat, sollte Mitglied in einem der örtlichen Jagdgebrauchshundvereine oder in seinem Rassezuchtverein werden. Er muß sogar Mitglied sein, wenn er auf einer der Verbandsprüfungen führen will.

Es würde zu weit führen, im Rahmen dieses Bändchens alle Prüfungsordnungen des Jagdgebrauchshundverbandes und der Zuchtverbände abzudrucken. Die Ordnungen würden ein dickes Buch füllen. Sie können durch die jeweiligen Zucht- und Jagdgebrauchshundvereine bezogen werden. Hier also aus den wichtigsten Prüfungsordnungen diejenigen Punkte, die für Führer wichtig sind:

Die Verbands-Jugendprüfung
(nur im Frühjahr zulässig)

(1) Zugelassen werden nur solche Hunde, die in dem anerkannten Zuchtbuch der dem Jagdgebrauchshundverband angeschlossenen Zuchtverbände (Zuchtvereine) eingetragen sind. Die Zuchtbuchnummer des gemeldeten Hundes sowie die der Eltern sind im Programm der Prüfung aufzuführen.

Jugendsuche (VJP) Zulassung § 4

(2) Die Hunde müssen im vorhergehenden Kalenderjahr gewölft sein. Außerdem können Hunde zugelassen werden, die bis zu drei Monate älter sind. Diese sollen, wenn mehr als drei von ihnen anwesend sind, in einer Gruppe zusammen geprüft werden.

Die VJP ist eine Zuchtprüfung, zu der die natürlichen jagdlichen Anlagen des Junghundes durch entsprechende Vorbereitung soweit geweckt sein sollen, daß Nase, Spurwille, Suche, Vorstehen und Führigkeit beurteilt werden können.

§ 15

§ 16

(1) Auf der VJP sind folgende Fächer zu prüfen:
1. Spurarbeit
2. Nase
3. Suche
4. Vorstehen
5. Führigkeit

(2) Festzustellen sind:
1. Art des Jagens (spurlaut, sichtlaut, fraglich, stumm, waidlaut)
2. Verhaltensweisen des Hundes sowie körperliche Mängel.

(3) Die Hunde sind in allen Fächern einzeln zu prüfen. Jedem Hund ist mehrfach Gelegenheit zu geben, seine Anlagen zu zeigen, jedoch nicht mehr als 5mal.

Spurarbeit § 17

(1) Die Spurarbeit wird auf der Spur des dem Hunde nicht oder nicht mehr sichtbaren Hasen geprüft. Dem Führer ist es gestattet, den Hund bis zu 30 Meter an einer Leine zu arbeiten.

(2) Zu beurteilen ist allein die Veranlagung zum Spurwillen und zur Spursicherheit.

(5) Bei der Urteilsfindung müssen mehr der Spurwille und die Schwierigkeit, als die Länge der Spur berücksichtigt werden.

Nase § 18

(2) Die feine Nase zeigt sich bei der Suche vor allem im häufigen Finden von Wild, durch weites Anziehen von Wild, durch kurzes Markieren von Wittrungsstellen des Wildes und gelegentliches Markieren von Vogelwittrung (Lerchen).

Auf der Spur ist besonders auf die Reaktion beim Verlieren, Kreuzen und Wiederfinden derselben zu achten.

Suche § 19

(1) Bei der Suche ist der Hauptwert zu legen auf den Willen zum Finden.

(2) Die Suche soll fleißig und ausdauernd sein und die Anlage zum Findenwollen erkennen lassen. Die jagdliche Ausdauer ist zu prüfen.

Vorstehen § 20

Die sehr gute Anlage zum Vorstehen zeigt sich darin, daß der Hund gefundenes Wild vorsteht oder vorliegt. Ein Durchstehen wird hierbei nicht verlangt. Nachprellen wird nicht als Fehler angerechnet. Hunde, bei denen Blinken festgestellt wird, können die Prüfung nicht bestehen.

(2) Ergibt sich für den Hund keine Möglichkeit an Federwild zu kommen, so darf das Vorstehen an anderem Wild nicht schlechter bewertet werden.

Führigkeit § 21

Die Führigkeit zeigt sich in dem Bestreben des Hundes, mit seinem Führer Verbindung zu halten.

Schuß-festigkeit § 23

(1) Zur Prüfung der Schußscheue sind während der Suche eines jeden Hundes in seiner Nähe (30 bis 50 Meter) mindestens 2 Schüsse, mit einem Zeitabstand von wenigstens 20 Sekunden, abzugeben. Läßt sich dabei das Verhalten des Hundes nicht sicher beurteilen, so ist die Probe frühestens nach 30 Minuten zu wiederholen.

(2) Stark schußempfindliche, schuß- und handscheue Hunde können die Prüfung nicht bestehen. Sie sind aber im Interesse der Zucht durchzuprüfen.

Die Verbands-Herbstzuchtprüfung

Sie darf, wie der Name sagt, nur im Herbst durchgeführt werden. Teilnahmeberechtigt sind die Hunde, für die auch die Bestimmungen der VJP-Ordnung zutreffen (siehe Zulassung § 4).

(1) Die HZP ist eine Zuchtprüfung, bei welcher — wie bei der VJP — die Feststellung der natürlichen Anlagen des Junghundes im Hinblick auf seine Eignung und zukünftige Verwendung im vielseitigen Jagdgebrauch und als Zuchthund im Vordergrund steht.

§ 27

(2) Die Abrichtung des Junghundes in der Feld- und Wasserarbeit soll zu dieser Zeit im wesentlichen abgeschlossen sein. Da durch die abgeschlossene Ausbildung die natürlichen Anlagen oft verdeckt werden, haben die Richter besonders sorgfältig die Anlagen zu ermitteln.

(1) Auf der HZP bleibt es den Vereinen überlassen, ob sie die Spurarbeit auf der Hasenspur als Pflichtfach prüfen wollen. In der Ausschreibung ist dieses anzugeben.

Prüfungsfächer

(2) Im übrigen sind folgende Fächer zu prüfen:

2. Nase
3. Suche
4. Vorstehen
5. Verlorenbringen von Federwild
   a) Arbeit am geflügelten Huhn (Fasan) einschließlich Bringen oder:
   b) Verlorensuchen und -bringen eines frisch geschossenen Huhnes (Fasans), dessen Fallen der Hund nicht eräugte oder:
   c) Bringen auf der Huhn-(Fasan-)schleppe.
6. Haarwildschleppe zur Feststellung des selbständigen Bringens.
7. Wasserarbeit
   a) Stöbern hinter der Ente
   b) Verlorenbringen aus tiefem Schilfwasser.
8. Art des Bringens
   a) Hase oder Kanin
   b) Ente
   c) Huhn oder Fasan
9. Führigkeit
10. Gehorsam
11. Arbeitsfreude

(3) Festzustellen sind:

1. Art des Jagens (spurlaut, sichtlaut, waidlaut, stumm, fraglich)
2. Schußscheue und andere Zeichen von Nervenschwäche.

Spurarbeit **§ 29**	Ist die Prüfung mit Hasenspur ausgeschrieben, so wird diese Arbeit wie auf der VJP § 17 verlangt.
Nase **§ 30**	Siehe VJP § 18. (3) Bei der Wasserarbeit gezeigte Nasenarbeiten sind zu berücksichtigen.
Suche **§ 31**	Etwa wie bei Suche VJP § 19. Es wird mehr Planmäßigkeit bei Wind- und Geländeanpassung verlangt.
Vorstehen **§ 32**	Wie bei VJP § 20. (1) Das sehr gute Vorstehen zeigt sich darin, daß der Hund gefundenes, festliegendes Wild solange vorsteht oder vorliegt, bis sein Führer herangekommen ist oder das Wild abstreicht oder aufsteht. Nachprellen darf die Vorstehzensur nicht mindern.

Verloren-bringen von Federwild § 33

(1) Nach Möglichkeit soll vor dem Hund Federwild erlegt werden, andernfalls ist Schußabgabe bei vor dem Hund abstreichendem Federwild unbedingt erforderlich.

(2) Der Hund muß ein möglichst frisch geschossenes Stück Federwild bringen

entweder

a) bei der Arbeit am geflügelten Huhn (Fasan)
b) beim Verlorensuchen und -bringen eines frisch geschossenen Huhns (der Hund darf das Fallen nicht eräugt haben)
c) auf der Federwildschleppe.

(9) Sind die Möglichkeiten zu a) und b) nicht gegeben, bzw. vermochte der Hund nicht zu finden, so ist ihm eine Federwildschleppe zu legen. (Schleppenlänge 150 Meter mit Nackenwind und zwei stumpfwinkligen Haken.) An das Ende ist ein möglichst frisch geschossenes Stück Federwild frei abzulegen. Danach hat sich der Richter in Verlängerung der Schleppe zu entfernen und sich so zu verbergen, daß er vom Hund nicht eräugt werden kann. Dort muß er das geschleppte Stück von der Schleppleine befreien und frei vor sich hinlegen. Er darf dem Hund nicht verwehren, dieses Stück aufzunehmen.

(12) Der Führer darf die ersten 20 Meter der Schleppe am Riemen arbeiten, dann muß er den Hund ablaufen lassen und stehenbleiben. Falls der Hund, ohne gefunden zu haben, zurückkehrt und nicht selbständig die Schleppe wieder aufnimmt, darf der Führer ihn noch zweimal ansetzen. Unter Ansetzen ist hierbei jede Einwirkung des Führers auf den Hund zu verstehen, erneut die Schleppe aufzunehmen.

(13) Gefordert wird williges, schnelles und selbständiges Finden sowie schnelles Aufnehmen und freudiges Bringen ohne weitere Beeinflussung durch den Führer. Die Schleppenarbeit dient lediglich der Feststellung des Finderwillens (Weg zum Stück), des Bringwillens und der Bringfreude (Rückweg).

(14) Unter „Arbeit am geflügelten Huhn (Fasan)", bzw. „Bringen von Huhn (Fasan) aus einer Deckung oder auf der Schleppe" ist lediglich zu beurteilen, ob und wie der Hund sich auf die Arbeit einstellt, ob er finden und bringen will, und ob er das Wild seinem Führer überhaupt zuträgt.

(15) Die Ausführung des Bringens, das heißt, wie der Hund das Huhn (Fasan) aufnimmt, trägt (richtiger Griff) und beim

Führer abgibt, ist dagegen beim Fach Bringen zu zensieren (siehe auch § 38).

(16) Zeigt der Hund zunächst eine Bringarbeit auf der Schleppe und bringt später seinem Führer ein geflügeltes Huhn (Fasan) mit guter oder sehr guter Bewertung, so ist diese letzte — wertvollere — Arbeit dem Hund anzurechnen und die Arbeit auf der Schleppe nicht zu berücksichtigen.

(17) Ein Hund, der das Stück Wild beim erstmaligen Finden nicht bringt, scheidet aus der Prüfung aus.

(1) Die Haarwildschleppe ist mit Kanin oder Hasen zu legen und muß mindestens 300 Meter lang sein, wobei der 1. Haken ca. 100 Meter nach Schleppenbeginn einzulegen ist.

Haarwildschleppe § 34

(2) Im übrigen gelten die gleichen Bestimmungen wie bei der Federwildschleppe gemäß § 33.

(1) Zur Wasserarbeit sollten Wildenten, notfalls auch wildfarbene Hochbrutflugenten (keine Schecken) verwendet werden.

Wasserarbeit § 35

(3) Die Wasserfläche soll eine dichte, wenigstens 3 Meter breite Deckung aufweisen und soll einschließlich der Deckung mindestens 2 500 qm groß sein. Das Wasser muß so tief sein, daß der Hund bei seinen Arbeiten schwimmen muß.

(1) Eine Ente wird dicht am Schilf ausgesetzt — diese Stelle wird als Anschuß durch einige Federn markiert —, dann wird die Ente ins Schilf gedrückt. Diese Vorbereitungen darf der Hund nicht äugen können.

Stöbern im Schilf hinter der Ente § 36

(2) Sobald die Ente im Schilf für den Hund nicht mehr sichtbar ist, wird er am markierten Anschuß angesetzt und zum Stöbern auf der frischen Wittrung veranlaßt. Jedem Hund sind mindestens 10 Minuten Zeit zur Stöberarbeit im Wasser zu geben.

(3) Als Stöbern hinter der Ente darf nur die Arbeit mit der Nase im Schilf bzw. auf der Schwimmspur, nicht aber das Verfolgen der Ente auf Sicht bewertet werden, wobei den Hund Wasserpassion, Härte und Durchhaltewille aus Veranlagung auszeichnen sollen.

(4) Der Führer darf seinen Hund bei der Arbeit lenken und unterstützen, jedoch mindern dauernd notwendig werdende Einwirkungen die Bewertung. Lautes Stöbern darf nicht höher bewertet werden.

(7) Möglichst soll die Ente vor dem Hund geschossen werden, jedoch erst, wenn der Richterobmann dies anordnet. Die Ente muß dann vom Hund gebracht werden.

(8) Bricht der Hund auf den Schuß ab und nimmt nicht sofort auf Befehl wieder das Wasser an, um nun die Ente zu bringen, kann er die Prüfung nicht bestehen.

(9) Falls der Hund keine Gelegenheit hatte, eine beim Stöbern vor ihm geschossene Ente zu bringen, wird eine erlegte Ente möglichst weit ins offene Wasser geworfen, die der Hund zu bringen hat. Hierbei muß in Richtung der zu bringenden Ente ein Schuß abgegeben werden, wenn sich der Hund im tiefen Wasser befindet.

(10) Diese Arbeit hat der Hund zusätzlich zur Prüfung seiner Wesensfestigkeit zu leisten. Bricht der Hund auf den Schuß hin ab, kommt zum Führer und nimmt nicht sofort auf Befehl wieder das Wasser an, um die Ente zu bringen, ist er von der Weiterprüfung auszuschließen.

Verlorensuchen aus tiefem Wasser
§ 37

(1) Eine frisch geschossene Ente wird so in — erforderlichenfalls auch hinter — eine Schilfpartie mindestens 10 Meter weit geworfen, daß der Hund weder das Werfen noch die im Wasser liegende Ente vom Ufer aus eräugen kann.

(2) Diese Ente muß der Hund finden und seinem Führer zutragen. Es ist dem Führer gestattet, seinen Hund bei dieser Arbeit durch Zuruf, Wink oder Pfiff zu unterstützen, erforderlichenfalls auch durch Schuß oder Steinwurf. In den beiden letzten Fällen kann die Arbeit des Hundes höchstens mit 7 Punkten bewertet werden.

(6) Legt der Hund die gebrachte Ente zunächst ab — zum Beispiel um sich zu schütteln —, so kann er für diese Bringarbeit höchstens das Prädikat „gut" erhalten. Faßt der Hund jedoch die vor ihm geschossene oder die ins Wasser geworfene Ente zunächst ungünstig (zum Beispiel an Kopf, Schwinge oder Ruder) und verbessert er an Land den Griff, ohne sich zu schütteln, bringt sie dann, setzt sich und gibt korrekt ab, so darf der Hund wegen der Verbesserung des Griffs nur dann in der Bewertung herabgesetzt werden, wenn ihm hierbei eine noch lebende Ente hätte entkommen können.

(7) Es darf dem Hund auch nicht als Fehler angerechnet werden, wenn er sich schüttelt und dabei die Ente im Fang behält.

Art des Bringens
§ 38

(2) Das korrekte Aufnehmen und Tragen zeigen sich darin, daß der Hund seinen Griff nach Art und Schwere des Wildes einrichtet. Fehlerhaft ist zu starkes wie auch zu zaghaftes Zufassen, Halten und Tragen. Knautschen ist als Fehler zu werten und besonders zu vermerken.

(3) Das korrekte Abgeben zeigt sich darin, daß der Hund mit dem gefundenen Wild freudig und willig zum Führer kommt, sich ohne Kommando oder auf ein einfaches — nicht lautes! — Kommando des Führers bei ihm setzt und das Wild solange ruhig im Fang hält, bis der Führer es ohne hastiges Zugreifen gefaßt hat und es ihm mit einem entsprechenden Kommando abnimmt.

(4) Anschneider und Totengräber sowie hochgradige Knautscher und Rupfer können die Prüfung nicht bestehen.

Führigkeit
§ 39

Siehe VJP § 21.

Gehorsam
§ 40

(3) Der Gehorsam ohne Wildberührung zeigt sich in der Lenkbarkeit des Hundes bei seiner Arbeit und darin, daß der Hund dem vernommenen und verstandenen Befehl seines Führers (Ruf, Pfiff oder Wink) sofort willig folgt. Er zeigt sich auch darin, daß sich der Hund bei der Arbeit anderer Hunde ruhig verhält.

(4) Der Gehorsam bei Wildberührung wird nicht verlangt.

Arbeitsfreude
§ 41

(1) Bei der Beurteilung der Arbeitsfreude kommt es auf die durch Charakter und Anlage bedingte Arbeitslust und auf den Arbeitswillen an, den der Hund in allen Fächern zeigt.

Art des Jagens
§ 42

Siehe VJP § 22.

Schußfestigkeit
§ 43

Siehe VJP § 23.

88

Die Verbands-Gebrauchsprüfung (VGP)

Sie wird stets im Herbst abgehalten und dauert zwei Tage. Die Ordnung kann hier nicht abgedruckt werden, weil sie zu umfangreich ist. Hier die einzelnen Prüfungsfächer:

Waldarbeit

1. Schweißarbeit (400 Meter mit ¼ Liter Schweiß) mit Anschneideprüfung (eventuell Totverbeller, Totverweiser). 2. Haarwildschleppen (300 Meter) a) mit Fuchs, b) mit Hase oder Kanin. 3. Stöbern. 4. Buschieren.

Wasserarbeit

1. Stöbern ohne Ente. 2. Stöbern mit Ente. 3. Verlorensuchen aus tiefem Schilfwasser.

Feldarbeit

1. Nase. 2. Suche. 3. Vorstehen. 4. Manieren am Wild einschließlich Nachziehen. 5. a) Arbeit am geflügelten Huhn einschließlich Bringen, b) oder Verlorensuchen und Bringen eines frisch geschossenen Huhns (Fasans), dessen Fallen der Hund nicht eräugte, c) oder Bringen auf der Huhnschleppe (200 Meter).

Gehorsam

1. Gehorsam im Walde. 2. Verhalten auf dem Stand. 3. Folgen frei bei Fuß. 4. Ablegen. 5. Riemenführigkeit. 6. Gehorsam im Felde. 7. Gehorsam bei der Wasserarbeit. 8. Schußruhe. 9. Benehmen vor Wild, a) vor Federwild, b) vor Haarnutzwild.

Bringleistungen

1. Bringen von Fuchs. 2. Bringen von Hase oder Kanin. 3. Bringen von Federwild, a) Ente, b) Huhn (Fasan). 4. Bringen von Fuchs über Hindernis.

Ergänzungsprüfungen

1. Arbeit am Raubwild. Nach dem Tierschutzgesetz vom 24. November 1933 ist das Prüfen von Schärfe an lebenden Katzen, Füchsen oder anderen Tieren verboten. Falls Hunde im Revier zufällig auf wildernde Katzen oder auf Füchse stoßen und sie bereits gegriffen haben, so daß ein Schuß nicht mehr möglich ist, kann diese bewiesene Schärfe an Raubwild registriert werden. Der Hund erhält dann den Härtestrich ∕.

∕

2. Nachweis lauten Stöberns. Falls ein Hund auf der VGP bei der Prüfung des Faches „Stöbern" infolge Wildmangels keine Gelegenheit hatte, lautes Stöbern zu zeigen, so kann er dies in Anwesenheit von zwei Richtern nachholen. Er erhält darauf den Lautjagerstrich ∖.

∖

3. Verlorenbringen auf natürlicher Wundspur. Diese Arbeit kann nur gelegentlich einer Jagd erfolgen. Der Hund muß eine kranke Spur von Hase oder Fuchs mindestens 300 Meter nach einmaligem Befehl arbeiten und das kranke Stück finden und bringen. Keine Freiverlorensuche! Grundsätzlich soll der Hund zwei solche Arbeiten zeigen, eine Arbeit genügt nur dann, wenn der Hund nicht bei anderen — kürzeren oder erfolglosen — Arbeiten negative Spurleistungen zeigte (Faseln, Freiverlorensuche).

Vbr.

4. Bringtreueprüfung. Der Hund muß einen 2 Stunden vor der Arbeit in einer Dickung ausgelegten Fuchs ohne Einfluß seines Führers innerhalb von 20 Minuten finden und bringen.

Btr.

Es ist nur ein einmaliger Befehl zum Suchen gestattet. Nach erfolgreicher Arbeit darf die Bezeichnung „Btr." geführt werden.

Weitere Leistungsstriche: — für Totverbellen, I für Totverweisen. Diese Striche können kombiniert werden, zum Beispiel heißt > Totverbeller, Lautjager, Härte erwiesen. Dies gilt für die Vorstehhundrassen.

Die Verbands-Schweißprüfung (VSwP)

Sw

Sie ist offen für alle Jagdhundrassen und entspricht der Schweißarbeit auf der VGP, nur unter erschwerten Bedingungen. Die Fährten sind mindestens 1000 Meter lang, Schweißmenge dafür $1/4$ Liter. Sie müssen über Nacht gestanden haben, nicht unter 20 Stunden. Für Totverbeller und -verweiser werden zusätzlich 250 Meter getupft oder getropft. Hunde, die diese Prüfung bestanden haben, führen die Bezeichnung Sw I, II oder III hinter dem Namen, je nachdem mit welchem Preis sie bestanden.

Es werden auch Verbands-Schweißprüfungen abgehalten mit Fährten, die über 40 Stunden, also über zwei Nächte, gestanden haben. Sie sind nur offen für Hunde, die die 20-Stunden-Fährte erfolgreich arbeiteten. Die bestandene Prüfung wird mit dem entsprechenden Preis in römischer Ziffer nach einem Schrägstrich ausgewiesen, also z. B. Sw I/II.

Sonderprüfungen deutscher Vorstehhundrassen

Einzelne Zuchtverbände führen anstelle der Verbandsprüfungen eigene Prüfungen durch, die indes in den wesentlichen Punkten mit den Verbandsprüfungen übereinstimmen. Sie werden auch im DGStB verzeichnet.

Derby

Deutsch-Kurzhaar nennt seine Jugendprüfung Derby. Besonderer Wert wird auf Nase, Suchenstil und Vorstehen gelegt. Eine Hasenspurarbeit wird nicht geprüft.

Solms

Die Herbstzuchtprüfung bei Kurzhaar heißt Solms. Auch hier wird großer Wert auf beste Nasenleistungen und eine flüssige und ausdauernde Suche gelegt. Spurarbeit ist kein Prüfungsfach. Sollte ein Hund aber eine sehr gute Arbeit auf der Spur des nicht eräugten Hasen zeigen, so wird diese Arbeit durch einen $*$, den sogenannten Andreas-Stern, vermerkt.

Hegewald

Deutsch-Drahthaar führt jährlich seine große Hegewald-Zuchtprüfung durch, zu der Hunde aus dem gesamten Bundesgebiet zusammenkommen. Schärfenachweis ist Vorbedingung, die Arbeit auf der Hasenspur Pflichtfach.

Prüfungen anderer Jagdhundrassen

Die englischen Vorstehhunde, die Schweißhunde wie die Stöber- und Erdhunde haben ihre eigenen rassebedingten Prüfungen. Die Ergebnisse werden ebenfalls zum großen Teil im DGStB unter der Abteilung V erfaßt. Sämtliche Prüfungsordnungen aller Jagdhundrassen einschließlich aller Einzel- und Vorprüfungen aufzuführen, würde wiederum einen dicken Band füllen. Es können daher nur die wichtigsten erwähnt werden.

Grundsätzlich sollten alle Jagdhundführer, die eine Prüfung mit ihrem Hund ablegen wollen, vorher einmal eine solche Prüfung besuchen. Die praktische Anschauung ist weit lehrreicher als das gründlichste Studium einer ausführlichen Prüfungsordnung.

Englische Vorstehhunde

Die verschiedenen Setter und die Pointer sind in hohem Grade Feldspezialisten; Vollbluthunde, die mit hoher Nase im Wind hängen. Dieser Tatsache entsprechen die Prüfungen.

Im Frühjahr (**Jugend- und Alterssuchen**) wird eine reine Feldarbeit verlangt, bei der die feine Nase an Hühnern geprüft wird, ferner festes Vorstehen, der Stil der Suche in planmäßigem Schleifen mit richtigem Wenden in den Wind, die Schnelligkeit und Ausdauer, Hasenreinheit und Benehmen vor abstreichendem Federwild und schließlich das Sekundieren. Unter Sekundieren versteht man das unbewegliche Stehen eines Hundes, der selbst keine Wildwitterung spürt, aber einen anderen Hund vorstehen sieht. Um das Sekundieren, beziehungsweise die Anlagen dazu, prüfen zu können und um den Hunden möglichst gleiche Chancen zu geben, werden die Hunde grundsätzlich paarweise vorgeführt. *(Jugend- und Alterssuche)*

Bei den **Herbstzuchtprüfungen** laufen die Hunde einzeln, das Sekundieren entfällt also. Dazu wird Wasserarbeit mit Bringen der Ente und das Verlorenbringen auf der Schleppe geprüft. *(Herbstprüfung)*

Selbstverständlich können Pointer und Setter auch auf allen Verbandsprüfungen laufen, wenn der Eigentümer es so will.

91

Schweißhunde

Nur wenige Führer haben die Möglichkeiten, einen Schweißhund gerecht zu führen und zu arbeiten. Dazu gehört sozusagen ein Dauertraining auf gesunder kalter Hochwildfährte
(Fährtenreinheit!), um die reine Spezialistenanlage zu höch-
ster Vollendung zu bringen.

**Vorprüfung
(VP)**

Die Vorprüfung soll im 2. Lebensjahr abgelegt werden. Geprüft wird eine Riemenarbeit auf wenigstens 3 Stunden alter
Gesundfährte, die der Hund zeigen und mit tiefer Nase am
langen Riemen mit möglichst allen Widergängen arbeiten
muß, bis er auf Anweisung der Richter abgetragen wird. Bei
der Vorsuche soll der Hund am halben Riemen vorsuchen
und jede gerechte Fährte zeigen. Beginn dieser Arbeit etwa
3 Stunden nach Vorüberziehen des Wildes. Weitere Prüfungsfächer sind Riemenführigkeit und Ablegen.

**Hauptprüfung
(HP)**

Das wichtigste Fach der Hauptprüfung ist die Riemenarbeit
auf einer kalten natürlichen Schweißfährte, die mindestens
4 Stunden alt sein muß. Auf das Anzeigen von Pirschzeichen
wird Wert gelegt. Die Rotfährte muß bis zum Wundbett oder
bis zum kranken oder verendeten Stück gearbeitet werden.
Sofern es sich nicht um Totsuchen handelt, darf der Hund
am frischen Wundbett oder auf der warmen Wundfährte geschnallt werden. Er hat dem Wild fährten- oder sichtlaut zu
folgen, bis es sich stellt. Stumm hetzende Hunde werden
ausgeschlossen. Hetze und Stellen werden zensiert. Geprüft
wird ferner das Verhalten am verendeten Stück und etwaiges
Totverbellen oder -verweisen.

**Leistungs-
zeichen**

Ein Doppelpunkt (:) vor dem Namen besagt, daß der Hund
seine Hauptprüfung bestanden hat. Die römische Ziffer da-
hinter bedeutet den Preis, mit dem er ausgezeichnet wurde.
= der Hund jagt laut auf der Fährte.

Bracken

Der Deutsche Bracken-Club führt drei Prüfungen durch, die
Anlagenprüfung für jüngere Hunde bis zu zwei Jahren, die
Gebrauchsprüfung und die DBC-Schweißprüfung.

**Anlagen-
prüfung
Gebrauchs-
prüfung**

Während auf der **Anlagenprüfung** die Suche, die Spurarbeit
und Gehorsamsfächer geprüft werden, ist die **Gebrauchsprüfung** durch die Nachsuche auf Hasen erweitert. Findet sich
keine Gelegenheit, die Nachsuche auf natürlicher Hasen-
Wundspur zu zeigen, wird eine Hasen- oder Kaninchenschleppe von 300 Metern gelegt. Der Hund muß das geschleppte Stück entweder totverbellen, totverweisen oder
bringen.

Brackieren

Der Bracken ureigenstes Fach ist das Brackieren. Fuchs und
Hase sind ihr Wild. Die Bracke muß eine sehr weite syste-
matische Suche mit tiefer Nase zeigen, bis sie eine Hasen-
oder Fuchsspur findet. Diese Spur muß mit äußerster
Zähigkeit trotz aller Schwierigkeiten (Absprung, Haken oder
Widergänge) gehalten werden, frische kreuzende Fährten
oder Spuren dürfen den Hund nicht verleiten, und bei er-
schwerenden Situationen soll durch Bogenschlagen die gleiche
Spur wiedergefunden werden. Bracken müssen spurlaut sein.
Stumme, sicht- oder waidlaute Hunde werden von der Prüfung und sogar von der Zucht ausgeschlossen.

Die **Schweißprüfung** sieht eine 500 Meter lange getupfte Schweißfährte vor, die mindestens 18 Stunden gestanden hat. Schweißmenge 1/8 Liter. Totverbellen oder -verweisen kann zusätzlich gezeigt werden.

Schweiß-
prüfung

Dachsbracken

Der in Deutschland noch junge Verein Dachsbracke prüft nur auf seinen **Gebrauchsprüfungen** im Herbst. Besonderer Wert wird auf möglichst praxisnahe Gestaltung gelegt.

Gebrauchs-
prüfung

Die Dachsbracke ist ein Schweißhund, deshalb soll die Schweißarbeit in der Regel auf natürlicher Schalenwild-Wundfährte geprüft werden, die mindestens 4 Stunden alt sein und möglichst über Nacht gestanden haben soll. Nur falls keine natürliche Wundfährte zur Verfügung steht, wird auf künstliche Fährten zurückgegriffen. Die getupften Rotfährten müssen mindestens 1000 Meter lang und 4 Stunden alt sein, sie sollen grundsätzlich über Nacht gestanden haben, verwendete Schweißmenge 1/4 Liter. Totverbellen oder -verweisen freiwillig.

„Pflichtfächer bei Gelegenheit" sind Hatz (Fährtenlaut, nur am kranken Stück) und Bail (Stellen und Verbellen). Im Fach Verhalten beim erlegten Wild muß der Hund mindestens 10 Minuten allein beim Stück bleiben, nach dieser Zeit soll er das Wild Fremden gegenüber verteidigen.

Der zweite Prüfungsteil — Laute Jagd — bezieht sich auf den Brackencharakter des Hundes. Hase und Fuchs sollen in kupiertem Gelände gefunden, spurlaut gehetzt und möglichst dem Schützen zugetrieben werden. Schalenwild darf nicht gehetzt werden, die Dachsbracke soll rehrein sein. Beurteilt wird die Art der Suche, der Spurlaut, die Führigkeit und der Gehorsam, vor allem aber das Halten der Spur. Die laute Jagd auf der Spur soll mindestens 500 Meter betragen, in Bergrevieren ist es sogar erwünscht, daß der Hund so lange jagt, bis er den Hasen zurückbringt. Unter der Rubrik Schärfe wird auch die Verteidigung und Wachsamkeit geprüft, und zwar sowohl am erlegten Wild (siehe Schweißarbeit) wie auch am abgelegten Rucksack des Führers.

Laute Jagd

Freiwillige Fächer sind Verlorensuchen und Apportieren von Gegenständen des Führers oder von Federwild, Raubzeug, Haarwild, Abwurfstangen, ferner eine Prüfung auf Mannschärfe.

Retriever

Die Arbeit der Retriever beginnt nach dem Schuß. Dem trägt die Prüfungsordnung des Deutschen Retriever-Clubs Rechnung. Es werden keine Gesundspuren gearbeitet. Auch die Suche — mit tiefer Nase — wird anders beurteilt als bei Vorsteh- oder Stöberhunden. Sie ist in ihrer Anlage nur dazu ausgerichtet, verendetes oder krankes Wild zu finden, das anschließend gebracht wird. Die Suche muß also besonders sorgfältig und mit unbedingtem Finderwillen verbunden sein.

Auf der **Jagd-Gebrauchsprüfung** wird neben den Gehorsams-
fächern, die auch andere Jagdhundrassen prüfen, im Wald
eine Haarwildschleppe von 300 m mit anschließendem Bringen
und eine freie Verlorensuche von Haarwild verlangt. Der Hase
oder das Kanin wird dazu außer Sicht von Führer und Hund
ausgelegt. Im Feld hat der Retriever unter der Flinte zu
suchen, aufstehendem Wild darf er nicht nachprellen und er
muß ferner, analog der Haarwildschleppe im Wald, eine Federwildschleppe von 200 m ausarbeiten und außerdem ein Stück
Federwild frei verloren suchen. Die Wasserarbeit enspricht
weitgehend der Wasserprüfung anderer Jagdhundrassen. Eine
Schweißarbeit kann auf der Prüfung gezeigt werden, ist jedoch
kein Pflichtfach. Schweißfährten 400 m lang mit $\frac{1}{3}$ l Schweiß,
Stehzeit mindestens 2 Stunden.

Diese Prüfungsordnung entspricht voll der Verwendungsart
der Retriever. Die Hunde haben im Wald eine Haarwildschleppe von 800 m mit 3 Haken zu arbeiten und müssen anschließend bringen. Im Felde wird eine Federwildschleppe
über 600 m mit 3 Haken geprüft, ferner eine freie Verlorensuche nach zwei verschiedenen Wildarten (Haar- und Federwild), die in einem Feld außer Sicht von Führer und Hund
ausgelegt wurden. Als Wasserarbeit verlangt man die Verlorensuche nach einer Ente über einen 10 bis 20 m breiten
Gewässerstreifen, an dessen jenseitigem Ufer eine 40 m lange
Schleppe gelegt wird. Der Retriever soll auf Kommando oder
Zeichen das Wasser annehmen, überqueren, nach Auffinden
des „Anschusses" die Schleppe aufnehmen und die Ente
bringen.

Stöberhunde

Die Deutschen Wachtelhunde und die verschiedenen Jagdspaniels führen **Anlagenprüfungen** durch, getrennt nach jün-
geren und älteren Hunden, ferner Gebrauchsprüfungen. Auf
den Anlageprüfungen werden allgemein Nase, Spurlauf, Spursicherheit und Spurwille, Wasserfreude, Führigkeit und Schuß-
festigkeit geprüft. Die älteren Wachtelhunde sollen ferner
Federwild bringen, während die Spaniels weitere Zensuren
für Benehmen beim Stöbern und für ihre Jagdpassion erhalten. Die Eignungsprüfung der Wachtelhunde — sie entspricht
etwa einer HZP der Vorstehhunde — sieht außerdem Schleppenarbeiten mit Bringen von Kanin und Huhn und Stöber-
arbeiten vor.

Die **Gebrauchsprüfungen** der Stöberhundrassen unterscheiden
sich nicht wesentlich. Geprüft wird Nase, Spurlaut, Stöbern
und Buschieren, eine Schweißarbeit mit etwaigem Totverbellen oder -verweisen, Wasserarbeit mit Stöbern und Bringen
von Ente, Schleppenarbeiten mit Bringen von Federwild und
Bringen von Hase oder Kaninchen, ferner Gehorsamsfächer
wie Ablegen, Standruhe und so weiter. Selbstverständlich
wird bei den Stöberhundrassen — dem Namen entsprechend
— größter Wert auf das gute Stöbern und Buschieren, ferner
auf Laut und Spurarbeit gelegt. Die Wachtelvereine verzichten
hier auf die mehrfach vorher geprüften Anlagenfächer Nase
und Spurwillen.

Leistungszeichen: \ = Spurlaut, \\ = Weitjager (Zurück-
bringen des Hasen, nur bei Deutschem Wachtel), — = Totverbeller, I = Totverweiser, : = Leistung auf natürlicher
Schweißfährte (bei Wachteln), ✳ = Härtenachweis, § = kein
Härtenachweis.

Während die Deutschen Wachtel die entsprechenden Leistungszeichen vor ihrem Namen tragen und die Nummer ihrer Gebrauchshundliste hinter der Zuchtbuchnummer (wie bei deutschen Vorstehhunden), werden bei den Spaniels die Prüfungspreise mit aufgeführt (zum Beispiel J2A1G2 = Jugendprüfung 2. Preis, Altersprüfung 1. Preis, Gebrauchsprüfung 2. Preis), außerdem die Eintragungsnummern aus der Anlagenbewertungsliste (ABL) und/oder der Gebrauchshundliste (GHL).

Terrier

Fox- und Jagdterrier haben zwar die gleichen Aufgaben, ihre Prüfungsordnungen unterscheiden sich jedoch, wenn auch nicht ausschlaggebend. Auch die Leistungszeichen sind unterschiedlich.

Die **Baueignung** wird im absolut dunklen Kunstbau, der mit Schiebern versehen ist, auf einem Schliefplatz geprüft. Die Vorliegezeit beträgt eine halbe Stunde, während dieser Zeit hat der Hund ununterbrochen durch seinen Laut den Standort des Raubwildes anzuzeigen. Bewertet wird Schneid, Ausdauer, Eifer und Laut.

Baueignung

Auf den **Junghundprüfungen** wird die Spurarbeit auf der Hasenspur geprüft, der Laut, die Suche, die Schlieffreudigkeit am Bau und die Schußfestigkeit.

Junghundprüfung

Die **Gebrauchsprüfungen (Herbstzuchtprüfungen)** der Terrier sind ebenso umfangreich wie die der anderen Jagdgebrauchshunde. Geprüft wird Nase, Stöbern und Laut, die Arbeit auf der Schweißfährte eventuell mit Totverbellen oder -verweisen, das Stöbern im Schilfwasser, das Bringen leichteren Wildes auf Schleppen wie Ente aus tiefem Wasser, ferner die verschiedenen Gehorsamsfächer wie Ablegen, Riemenführigkeit und so weiter. Während bei den Foxterriern eine bestandene Bauprüfung Vorbedingung zur Teilnahme an einer Gebrauchsprüfung ist, gehört bei den Jagdterriern die Bauarbeit mit den Fächern Schärfe, Ausdauer, Laut, Absuchen des Baus und Herausziehen verendeten Raubwildes mit zur Gebrauchsprüfung.

Gebrauchsprüfung

Der Foxterrierverband benutzt folgende Zeichen: BhF = Bauhund Fuchs; BhD = Bauhund Dachs; SchwH = Schweißhund (erfolgreiche Arbeit auf natürlicher Wundfährte); WH = Wasserhund (Hunde, die auf Entenjagd ausdauernd stöbern und geschossene Enten sicher bringen); App = Apportierer, die auf Gesellschaftsjagden alles Wild, das sie bewältigen können, bringen; SP = Saupacker (sichtlautes Jagen an Schwarzwild, Stellen von kranken Stücken); G.-H. = Gebrauchshund. Foxterrier, die im Naturbau an Fuchs und Dachs geprüft werden und die Zeichen SchwH, WH und App tragen, erhalten das Leistungszeichen G.-H., das sie anstelle aller anderen in der Ahnentafel tragen.

Leistungszeichen Foxterrier

Die Leistungszeichen der Jagdterrier: $\cap$ = Bauleistungszeichen, $\setminus$ = Spurlautjager, $\setminus\!\setminus$ = Spurlautjager mit 2mal 4 in Spurlaut, $/$ = Schärfestrich, $/\!/$ = Würger mit 2mal 4h in Schärfe, $-$ = Totverbeller, : = auf natürlicher Wundfährte erfolgreich geprüft. Diese Zeichen können wie bei den Vorstehhunden zusammengesetzt werden. So bedeutet zum Beispiel bei den Jagdterriern $\succ$ = Spurlautjager, Totverbeller und Würger.

Leistungszeichen Jagdterrier

Teckel

Das Prüfungssystem für Teckel ist umfangreich, und so können unsere kleinsten Jagdgefährten auch mit der längsten Reihe von Leistungszeichen aufwarten.

Spurlautprüfung

Die **Spurlautprüfung** auf der Hasenspur scheidet von vornherein alle Hunde aus, die nur sichtlaut oder gar stumm jagen. Beurteilt wird der Spurlaut, ferner Nase, Suche und Findigkeit, Spurwille und Spursicherheit.

Baueignungsprüfung

Die **Baueignungsprüfung** mit den Fächern Wesensfestigkeit, Ausdauer, Passion und Laut wird wie bei den Terriern am Kunstbau vorgenommen. Vorliegezeit auch hier 30 Minuten.

Weitere Prüfungen

Weitere Prüfungen: **Arbeit am Naturbau; Schweißprüfung auf künstlicher Wundfährte** (eventuell mit Totverbellen oder -verweisen), ca. 1000 Meter lange Fährte mit 3 Winkeln und höchstens 1/4 Liter Schweiß, Stehzeit mindestens 4 Stunden; **Schweißprüfung auf natürlicher Wundfährte,** die in ihrer Schwierigkeit mindestens der künstlichen entsprechen muß; **Stöberprüfung,** zu der auch Gehorsamsfächer wie Ablegen und Benehmen auf dem Stand und so weiter gehören; **Vielseitigkeitsprüfung,** eine Zusammenfassung der Spurlaut-, Stöber- und Schweißprüfung mit dem Unterschied, daß hier die Schweißfährten nur 600 Meter lang sind und 2 Stunden stehen müssen. Ein zusätzliches freiwilliges Fach der Vielseitigkeitsprüfung ist die Wasserarbeit, bei der der Teckel eine Ente aus tiefem Wasser holen muß.

Kaninchenteckel

Für die kleinen Kaninchenteckel gibt es noch zwei Sonderprüfungen, die sie, neben dem Nachweis von Spurlaut und Wesensfestigkeit, ablegen können. Die Kaninchenschleppe; sie wird im Wald gelegt, das Kaninchen wird an Ende in einen Kaninchenbau geschoben. Der winzige Dachshund muß die Schleppe arbeiten, zu Bau fahren und das Kanin aus dem Bau ziehen. Die Prüfung am Naturbau auf Wildkaninchen. Hier muß der Kaninchenteckel das Kanin entweder sprengen oder würgen und herausziehen.

Leistungszeichen

An Leistungszeichen für Teckel werden vergeben: BhFK = Bauhund Fuchs Kunstbau; BhDK = Bauhund Dachs Kunstbau; BhFN = Bauhund Fuchs Naturbau; BhDN = Bauhund Dachs Naturbau; Sp = Spurlaut; SchwK = Schweißprüfung auf künstlicher Wundfährte; SchwN = Schweißhundprüfung auf natürlicher Wundfährte; Tv = Totverbeller; Tw = Totverweiser; St = Stöberprüfung; Vp = Vielseitigkeitsprüfung; KSchlH = Kaninchenschleppe — Herausziehen; KSprN = Kaninchensprenger — Natur.

Hunde im Alter von unter 12 Monaten, die zu gleichen Bedingungen ein Leistungszeichen erringen, erhalten bei allen Zeichen den Zusatz J = Jugend.

Die Jagdeignungsprüfung

JEP

Sie sei der Vollständigkeit halber erwähnt. Diese Prüfung wird weder vom Jagdgebrauchshundverband noch von den Rassezuchtvereinen ausgeschrieben, sondern von der unteren Jagdbehörde angesetzt. In ihrem Auftrage führt sie meistens eine Kreisgruppe oder ein Jagdgebrauchshundverein durch.

Es ist die einzige Prüfung, auf der anfangs weder nach Rasse noch nach Ahnentafeln gefragt wurde. In verschiedenen Bundesländern geht man dazu über, auch zu dieser Prüfung nur eingetragene Hunde zuzulassen.

In den verschiedenen Ländern wird für bestimmte Reviergrößen oder Jagdarten der Nachweis verlangt, daß ein jagdlich brauchbarer Hund vorhanden ist bzw. mitgeführt wird. Diesem Nachweis dient die Jagdeignungsprüfung. Da es dem Gesetzgeber nur darauf ankommen muß, daß angeschweißtes Nutzwild auch zur Strecke kommt, wird in der Hauptsache die Arbeit n a c h dem Schuß geprüft. Der Nachweis jagdlicher Brauchbarkeit gilt auch als erwiesen durch eine bestandene VGP oder eine bestandene HZP mit zusätzlicher Schweißprüfung.

Internationale Begriffe

Zum Schluß sind noch zwei internatoinale Abkürzungen zu erklären, die bei den verschiedensten Rassen erscheinen: CACIB und CACIT.

Die Fédération Internationale Cynologique (FCI), in der die führenden kynologischen Vereinigungen vieler Länder zusammengefaßt sind, schuf diese Begriffe. CACIB = Certificat d'Aptitude au Championnat Internationale de Beauté bedeutet die Anwartschaft auf das internationale Schönheitschampionat und wird auf internationalen Zuchtschauen vergeben. Das CACIT = Certificat d'Aptitude au Championnat Internationale de Travail ist ein Arbeitswettbewerbspreis und wird auf bestimmten, unter der Schutzherrschaft der FCI stehenden Prüfungen verliehen.

FCI

CACIB

CACIT

Jagdliche und kynologische Ausdrücke

Abführen = einen Hund dressieren.

Abgeschlagene Kruppe = Kruppe fällt zur Rute hin ab.

Ablegen = ein Hund wird auf Befehl zum Hinlegen gebracht; er darf den Platz erst auf neuen Befehl verlassen.

Afterklaue / Afterkralle = meist rudimentäre fünfte Zehe, kommt an der Innenseite der Hinterläufe mit stark gebogener Kralle vor. Soll im Welpenalter entfernt werden.

Anschneiden = gefundenes Wild fressen.

Anziehen = Markieren von Wild kurz vor dem Vorstehen.

Apportieren = bringen.

Bail oder Ball = Stellen und Verbellen von Wild.

Behang = a) Bezeichnung für Hängeohren.

b) bei Schweißhunden übliche Altersbezeichnung (siehe „Feld" bei Vorstehhunden). Ein Schweißhund vom 1. Behang steht im 1. Arbeitsjahr, ist mithin etwa 1½ Jahre alt.

Behängezeit = bei Schweißhunden gebräuchlicher Ausdruck für ein Arbeitsjahr (den Schweißfährten nachhängen).

Belegen = andere Bezeichnung für Decken.

blenden = leeres Vorstehen ohne Wildwittrung.

Blesse = weißer Streifen von der Nase bis zur Stirn zwischen den Augen durchlaufend.

blinken = absichtliches Verleugnen von Wild.

Brand = heller gefärbte Abzeichen an Fang, Augen, Behängen, Läufen usw.

CACIB = Certificat d'Aptitude au Championnat Internationale de Beauté.

CACIT = Certificat d'Aptitude au Championnat Internationale de Travail.

Decken = eine Hündin befruchten lassen.

Deckrüde = männlicher Zuchthund.

DGStB = Abkürzung für das Deutsche Gebrauchshund-Stammbuch.

Einspringen = Wild hochmachen nach nur kurzem Vorstehen oder Markieren.

Entropium = Einwärtsstülpung des Augenlides.

Exterieur = äußeres Erscheinungsbild.

Fahne = lange herabhängende Haare an der Rute, typisch für langhaarige Vorstehhunde.

Fährte = Duft- und Druckspuren von Menschen oder Schalenwild auf dem Boden.

Fang = Schnauze.

Färben = Bluten der Hündin während der Brunstzeit.

Faßbeinig = fehlerhafte Stellung der Hinterläufe, bei der die Sprunggelenke nach außen gedreht sind.

FCI = Fédération Cynologique Internationale.

Federn = Haarfransen an der Rückseite der Läufe bei langhaarigen Hunden.

Feld = bei Vorstehhunden übliche Altersbezeichnung. Ein Hund im 1. Feld steht im 1. Arbeitsjahr, ist also mindestens ein Jahr alt.

Fransen = lange Haare an den Ohren, z. B. bei Spaniels und langhaarigen Vorstehhunden.

Führigkeit = angewölfte Bereitschaft des Hundes, sich auf seinen Herrn einzustellen.

Geläut = das Bellen mehrerer Hunde, wenn sie auf der Spur oder Fährte von Wild hetzen.

Gesäuge = das zweireihige Euter der Hündin, meist mit je 5 Zitzen.

Glasauge = sehr helles Auge mit pigmentloser Regenbogenhaut.

Hals geben = bellen.

Handscheu = ein solcher Hund wagt sich nicht an seinen Herrn heran; Folge falscher Behandlung, schlechtes Zeichen für den Führer!

Hängen = das Gekoppeltsein von Rüde und Hündin während des Deckaktes, verursacht durch einen Schwellkörper am Glied des Rüden. Gewaltsame vorzeitige Trennung gefährlich!

Hasenpfote = lange, flache Pfote.

Hinterhand = Hinterläufe.

Hitze = Brunstzeit der Hündin.

Hosen = lange Haare an der Rückseite der Oberschenkel bei langhaarigen Hunden.

Inzestzucht = Paarung blutsverwandter Hunde 1. und 2. Grades (Geschwister, Kinder, Eltern).

Inzucht = Paarung blutsverwandter Hunde 3. und 4. Grades.

Jacke = Haarkleid.

Karpfenrücken = stark gewölbter Rücken.

Katzenpfoten = geschlossene, runde Pfoten mit gewölbten Zehen.

Kippohr = in den Spitzen überhängende, kippende Ohren (Terrier).

Knautschen = Wild zu fest fassen, zerdrücken.

Kopfhund = eigenwilliger, meist sehr wesensfester aber schwerführiger Hund, der sich auch seinem Herrn gegenüber immer wieder durchzusetzen versucht.

Koppel = 1. mehrere durch Riemen oder Ketten verbundene Hunde; 2. die kurze Kette oder der Riemen selbst.

Kruppe = letztes Rückenstück vom Ende der Lendenwirbel bis zum Rutenansatz.

Kryptorchismus = Zurückbleiben eines Hodens oder beider in Bauchhöhe oder Leistenkanal.

Kuhhessig = fehlerhafte Stellung der Hinterläufe, bei der die Sprunggelenke nach innen, die Kniegelenke nach außen gedreht sind.

Kupieren = Kürzen der Rute bei Jagdhunden, bei anderen Hunderassen auch der Ohren.

Kynologie = die Wissenschaft vom Hund. Kyon = Hund, logos = Lehre.

Läufe = Beine.

Läufig = hitzig, siehe Hitze der Hüdin.

Laut geben = bellen.

Lederenden = Bezeichnung für den fehlerhaft behaarten unteren Hängeohr-Rand langhaariger Rassen. Es fehlen die Fransen.

Lefzen = Lippen.

Lösen = Absetzen der Exkremente.

Losung = Kot.

Lustig getragene Rute = aufwärts gestellte oder über den Rücken geschlagene Rute.

Maske = auffällig, meist dunkler gefärbter Gesichtsteil des Hundes.

Meute = mehrere Koppeln von Jagdhunden.

Meutehunde = Jagdhunde, die sich triebhaft zu einer Meute zusammenschließen.

Molaren = echte Backenzähne.

Monorchismus = Fehlen eines Hodens.

Nässen = Urinieren.

Offenes Auge = unteres Augenlid hängt herab und läßt den Augapfel bloß, typisch z. B. für Bernhardiner, bei Jagdhunden fehlerhaft.

Offene Pfoten = fehlerhafte Pfoten durch zu weit gespreizte Zehen.

Prämolaren = „unechte" Backenzähne, die vor den Molaren sitzen.

Rückbeißer = Hinterbeißer, Unterbeißer. Schneidezähne des Unterkiefers liegen hinter denen des Oberkiefers.

Rute = Schwanz.

Säbelrute = Rute mit schwacher Krümmung gegen die Spitze hin.

Scherengebiß = die bei den meisten Hunderassen gewünschte Form des Gebisses. Die Schneidezähne des Oberkiefers greifen ein wenig über die des Unterkiefers hinaus.

Schliefen, einschliefen = das Hineinkriechen der Hunde in den Fuchs- oder Dachsbau.

Schnalle = Geschlechtsteil der Hündin.

Schnallen = von der Leine loslassen.

Schweißarbeit = Arbeit des Jagdhundes auf der Wundfährte des Schalenwildes. Auf Prüfungen auch künstlich mit Blut hergestellte Fährte.

Schweißriemen = mindestens 6 m langer Lederriemen, der nur zum Führen auf der Schweißfährte benutzt wird. Man dockt ihn auf oder ab (vorschriftsmäßige Form, in der ein Schweißriemen zusammengelegt ist).

Sekundieren = das Unterstützen eines zweiten Hundes gegenüber einem ersten, indem er bei der Feldarbeit in die typische Vorstehhaltung geht, ohne indes selbst Wildwitterung zu haben.

Sichelrute = in ihrer gesamten Länge gekrümmte Rute.

Sichtlaut = Hetzlaut des Hundes hinter sichtigem Wild, Abkürzung: sil.

Sprengen = das Herausdrücken von Wild aus seinem Bau durch Erdhunde.

Sprunggelenk = Gelenk zwischen Unterschenkel und Hintermittelfuß (am „Hacken").

Standard = Rassekennzeichen.

Standlaut = Verbellen vor dem gestellten kranken Wild.

Stop = Stirnabsatz. Winkelung bzw. Einbuchtung von Nasenbein und Stirn.

Spur = alles Niederwild, das nicht auf Schalen zieht, macht eine Spur, außer Federwild.

Spurlaut = Hetzlaut des Hundes auf der Spur, ohne daß er das Wild gesehen hat. Abkürzung: spl.

Totengräber = ein Hund, der das Wild eingräbt, anstatt es zu apportieren.

Totverbellen = Verbellen eines verendeten Stückes, das der Hund nicht apportieren kann, meist Schalenwild.

Totverweisen = eine besondere Manier des Hundes, seinem Führer zu zeigen, daß er verendets Wild gefunden hat, das er indes nicht tragen kann. Er führt seinen Herrn anschließend zu dem Stück.

Trocken = frei von Fett.

Überbaut = der höchste Punkt der Hinterhand ist höher als der Widerrist.

Unterwolle = weiche, wärmende Behaarung unter dem Deckhaar.

Vorbeißer = Überbeißer. Die Schneidezähne des Unterkiefers stehen vor denen des Oberkiefers. Fehlerhaft bei Jagdhunden.

Vorderhand = Vorderläufe.

Vorliegen = 1. Erdhunde liegen im Fuchs- oder Dachsbau lautgebend vor dem Raubwild und bannen es damit an den Platz; 2. Das Wort wird auch manchmal bei Vorstehhunden benutzt, die beim Vorstehen so tief zu Boden gehen, daß es einem Vorliegen gleicht.

Vorstehen = Bewegungslose und markante Haltung, durch die ein Hund anzeigt, daß er die Witterung von versteckt vor ihm liegenden Wild in der Nase hat.

Waidlaut = Hetzlaut eines Hundes, der laut wird, ohne Wildwitterung zu haben. Abkürzung: wdl.

Welpe = junger Hund bis zum Alter von 2 bis 3 Monaten.

Werfen, auch wölfen = gebären.

Wesensfestigkeit = nervliche Härte und Widerstandsfähigkeit.

Widerrist = der meist etwas aufgewölbte unterste Nacken- oder vorderste Rückenteil (über den Vorderläufen).

Wolfsklaue/Wolfskralle = siehe Afterklaue.

Wurf = alle Welpen einer Geburt.

Zangengebiß = die Schneidezähne des Ober- und Unterkiefers passen genau aufeinander.

Zuchtbuch = das amtliche Eintragungsregister für Rassehunde, meist von den betreffenden Rassezuchtvereinen geführt.

Zwinger = 1. umgrenzter Auslauf um das Haus des Hundes; 2. die Gesamtheit der Hunde eines Züchters, die unter einem bestimmten, vom Zuchtbuchamt genehmigten Namen erfaßt und eingetragen werden.

Literaturhinweise

ANDREAS: Der Hund mein Waidgesell. BLV-Verlagsgesellschaft, München, 1969.

ANDREAS: Gerechte Jagdhundschulung. BLV-Verlagsgesellschaft, München, 1966.

BAIRACLI-LEVY: Die Aufzucht junger Hunde nach natürlichen Methoden. A.-Müller-Verlag, Rüschlikon-Zürich, 1966.

EISERHARDT: Die Führung des Jagdhundes im Feld, am Wasser und im Wald. Parey-Verlag, Berlin und Hamburg, 1967.

FISCHEL: Die Seele des Hundes. Parey-Verlag, Berlin und Hamburg, 1961.

GRANDERATH: Hundeabrichtung durch wahre Verständigung zwischen Mensch und Hund. Neumann-Neudamm-Verlag, Melsungen, 1970.

HUTTEL: Lob des Waidwerks mit dem Hund. Safari-Verlag, Berlin, 1970.

KRALL: Der gesunde und der kranke Hund. Parey-Verlag, Berlin und Hamburg, 1960.

LUX: Vorstehhunde, Stöberhunde und Bracken auf der Schweißfährte. Parey-Verlag, Berlin und Hamburg, 1970.

LUX: Der Jagdteckel, Ausbildung und Führung. Parey-Verlag, Berlin und Hamburg, 1968.

MOST: Abrichtung des Hundes. Verlag Gersbach & Sohn, München.

SCHNEIDER-LEYER: Mein Freund der Dachshund. Ulmer-Verlag, Stuttgart, 1968.

TABEL: Der Jagdgebrauchshund. F.-C.-Mayer-Verlag, München, 1969.

TABEL: Der Gebrauchshundjährling, F.-C.-Mayer-Verlag, München, 1970.

Bildteil II

Die Hunderassen

Deutsch-Kurzhaar

Trockener Kopf mit genügend breitem Oberschädel, flach gewölbt. Leichte Ramsnase erwünscht. Kräftiger, nicht spitzer Fang. Behang mäßig lang, hoch und breit angesetzt, glatt herabhängend, stumpf abgerundet. Braune Augen, braune Nase. Langer, muskulöser Hals, leicht gebogen. Tiefe, nicht zu breite Brust. Kurzer, strammer Rücken mit breiter, genügend langer Kruppe. Hoch angesetzte, nicht zu kurz kupierte Rute, waagerecht getragen. Haar kurz, dicht und hart. Farbe: braun, braunschimmel mit und ohne braunen Kopf und Platten, schwarze Farbe in den gleichen Nuancen wie die braune bzw. Braunschimmelfarbe. Gelber Brand zugelassen. Idealmaß 62 bis 64 cm.

Deutsch-Drahthaar

Großer, kräftiger Hund, relativ hochgestellt im nur leichten Rechteckformat. Flach gewölbter Kopf, nach vorne verjüngt. Breite Nase, Augen braun. Behang mittellang, breit und hoch angesetzt. Mittellanger, kräftiger, etwas gebogener Hals. Kurzer, gerader Rücken mit hohem Widerrist, Lendenpartie muskulös, lange Kruppe. Tiefe, mäßig breite Brust. Bauch etwas aufgezogen. Rute kupiert, waagerecht getragen. Haar dicht und drahtig, vor allem hart, genügend Unterwolle. Bart erforderlich. Farbe: braun oder braunschimmel mit oder ohne braunen Kopf und braune Platten. Größe 60 bis 65 cm.

Pudelpointer

Dem Deutsch-Drahthaar im Gebäude nicht unähnlich. Quadratisch im Rahmen. Breiter Schädel mit ziemlich steil abfallendem Stirnabsatz. Fang lang und breit, nicht schmal wie beim Pudel. Scherengebiß. Breite, gut geöffnete Nase. Große, runde, scharfblickende dunkel-bernsteinfarbige Augen. Behang flach anliegend, eher spitz als abgerundet. Haar dicht und harsch. Kräftiger, rauher Bart und starke Augenbrauen. Farbe: dunkelbraun bis dunkel-dürrlaubfarben oder schwarz. Einfarbig, doch unauffällige kleine weiße Abzeichen erlaubt. Größe 58 bis 65 cm.

Deutsch-Stichelhaar

Großer, kräftiger Hund, dem Deutsch-Drahthaar sehr ähnlich. Fang mehr quadratisch. Sein Haar soll auf dem Rumpf etwa 4 cm lang sein, lose anliegen und straff, hart und borstenartig sein. An den Schultern und an der Unterseite des Körpers etwas längeres Haar, das eine kurze, leichte Franse bildet. Leichte Federn an der Hinterseite der Läufe. Mäßiger Bart, Augenbrauen buschig, kräftig, die Haare nach oben und die Spitzen der einzelnen Haare im Bogen schräg nach außen stehend. Farbe: braun und weiß, graubraunmeliert oder mit einzelnen größeren braunen Platten. Größe 60 bis 66 cm.

Griffon

Er gehört zu den drahthaarigen Vorstehhunden und ist den anderen Rassen im Gebäude ähnlich. Man erkennt ihn indes sofort an seinem Haar. Es ist länger als bei den übrigen Drahthaarigen und steht in kleinen Büscheln, fühlt sich aber rauh und harsch an. Es wird scherzhaft „Kokosmattenhaar" genannt. Typisch sein starker Schnauzbart und die dichten, buschigen Augenbrauen. Rute kupiert. Farbe: grau mit braunen Platten, braun-grau gestichelt, braun-gelblich. Größe: etwas kleiner als Deutsch-Drahthaar.

Weimaraner

Großer, grauer Vorstehhund, der als Kurzhaar kupiert wird, als Langhaar die lange Rute behält. Hinterhauptbein leicht hervortretend. Geringer Stop. Langer, kräftiger Fang mit Scherengebiß. Nasenrücken gerade oder wenig gewölbt. Nase dunkelfleischfarben. Behang hoch und schmal angesetzt, breit herabfallend, unten spitz gerundet. Langer, strammer Rücken, Kruppe nur wenig abfallend. Haar beim Kurzhaar fein aber hart, beim Langhaar 3 bis 5 cm lang, an Hals, Brust und Bauch etwas länger, Läufe befedert, Fahnenrute. Farbe: silber- oder mausgrau, bei langhaarigen häufig rehgrau. Auf dem Rücken oft dunklerer Aalstrich. Kleine weiße Abzeichen an Brust und Zehen zulässig. Größe 59 bis 70 cm.

Langhaar-Weimaraner

Deutsch-Langhaar

Kräftiger, muskulöser Hund mit gestrecktem Kopf und leicht gewölbtem Schädel. Stirnabsatz leicht steigend. Schädellänge = Fanglänge. Gerader Nasenrücken oder leichte, edle Ramsnase. Augen braun. Behang breit und hoch angesetzt, unten abgerundet, Behaarung am unteren Ende überfallend. Brust tief, über die Ellenbogen herabreichend, genügend Vorbrust. Gerader, strammer Rücken, Kruppe leicht abfallend. Rute hoch angesetzt, waagerecht getragen. Haar schlicht, leicht wellig, nie kraus oder lockig. Läufe befedert und behost, Rute mit Fahne. Farbe: braun, evtl. weiße Abzeichen, braunweiß und braunschimmel, häufig brauner Kopf und braune Platten. Größe um 60 bis 65 cm.

Großer schwarz-weißer Münsterländer

Großer, eleganter Hund mit edlem Kopf, dem Deutsch-Langhaar im Gebäude nicht unähnlich. Schwarze Nase. Augen möglichst dunkelbraun, kein helles Raubvogelauge. Haar wie beim Deutsch-Langhaar schlicht und leicht wellig mit guter Fransenbildung am Behang, Federn an den Läufen, lange Fahnenrute. Farbe: weiß mit schwarzem Kopf, schwarze Platten und unregelmäßige kleine schwarze Flecke oder schwarze Stichelung, schwarzschimmel. Häufig Blesse. Größe um 60 cm.

Kleiner Münsterländer Vorstehhund

Mittelgroßer, langhaariger, nicht zu kräftiger Hund. Schädel leicht gewölbt. Fang gestreckt und ein wenig zugespitzt. Nasenrücken gerade oder sanft gebogen. Nase braun. Augen braun. Behang unten spitz gerundet und gut befranst. Kräftiger, gestreckter Rücken, muskulöse Lenden. Rute ziemlich lang, gerade getragen, im letzten Drittel nach oben gekrümmt, mit weißer oder schimmelfarbiger Fahne. Haar lang und schlicht, leicht gewellt. Farbe: weißbraun oder braunweiß, Braunschimmel. Größe 48 bis 56 cm.

Gordon-Setter

Großer, kräftiger Hund mit langem, eher tiefem Kopf. Schädel gewölbt, deutlicher Stop, ausgeprägte Stirnfurche. Langer Fang, dessen Linien parallel laufen. Nase schwarz. Dunkelbraune Augen. Tief angesetzter, ziemlich großer, flach anliegender dünner Behang, reich und lang befranst. Sehr tiefe, nicht zu breite Brust. Befederte Rute, waagerecht getragen, Fransen in der Mitte am längsten. Lange, schräge Schulter. Läufe befedert und behost. Haar seidig weich und glänzend, gerade oder leicht gewellt ohne Locken. Farbe: schimmerndes Kohlschwarz mit mahagonifarbenen Abzeichen. Größe 66 cm.

Irischer Setter

Ähnlich wie Englischer Setter, jedoch schmaler und höher auf den Läufen stehend. Nase schwarz, dunkelbraun oder dunkelmahagonirot. Behang mittelgroß, dünn, tief und gut zurück angesetzt, in einer Falte am Kopf anliegend. Brust so tief wie möglich und fast schmal. Muskulöser Rücken, besonders in der Nierenpartie, die leicht gebogen erscheint. Rute ein wenig tiefer angesetzt. Farbe: satt kastanienrot, golden schimmernd. Kleiner weißer Brustfleck bis Zweimarkstückgröße erlaubt. Helle Hosen mindern den Formwert. Größe 65 bis 67 cm.

Englischer Setter

Im wesentlichen wie Gordon-Setter, jedoch im ganzen leichter. Augen leuchtend, mit sanftem Ausdruck, dunkel- bis haselnußbraun. Breite Nase, bei weiß-schwarzen Hunden schwarz, sonst braun bis lederfarben. Mäßig langer Behang, tief angesetzt und anliegend. Rumpf wirkt länglich, da tiefer auf den Läufen stehend als die beiden anderen Setter-Arten. Farbe: weiß mit zitronenfarbenen, orangefarbenen, lederfarbigen oder schwarzen Flecken oder Tupfen. Größe ca. 63 cm.

Pointer

Eleganter Hund mit gestrecktem Kopf, leicht gewölbtem Schädel, markiertem Hinterhauptbein und stark betontem Stop. Langer, breiter, rechteckiger Fang mit leicht eingedrücktem Nasenrücken, so daß die Nase den höchsten Punkt bildet. Nase schwarz bei schwarzen und schwarz-weißen, braun bis lederfarben bei helleren Hunden. Dunkle Augen. Behang dünn, mittelhoch angesetzt. Edel geschwungener Hals. Tiefe Brust. Muskulöser Rumpf, lange, schräge Schulter. Rute unterhalb der Rückenlinie angesetzt, ziemlich gerade getragen, feine Spitze. Haar glatt und dünn, glänzend, hart. Farbe: weiß mit Platten oder Tupfen in Schwarz, Braun, Gelborange. Einfarbige Hunde in den gleichen Farben. Größe 62 bis 65 cm.

Golden Retriever

Mittelgroße, harmonische Erscheinung in herrlichem, langem Haarkleid. Breiter Schädel mit deutlichem Stop. Kräftiger, abgestumpfter Fang mit dunklen Lefzen. Schwarze Nase und dunkle, freundliche Augen. Nur mittelgroßer Behang, spitz abgerundet. Hals muskulös, ohne Wamme. Gerader Rücken mit kräftigen Lenden und leicht abfallender Kruppe. Tiefe, gut gewölbte Brust. Nicht zu lange Läufe mit guten Knochen. Katzenpfoten. Haar dicht und leicht wellig, Läufe gut befedert. Rute buschig behaart. Farbe: golden, nicht setterrot. Größe etwa 53 bis 61 cm.

Labrador-Retriever

Mittelgroßer, schwer wirkender Hund mit breitem Kopf und ausgeprägtem Stop. Langer, kräftiger Fang und breite Nase. Scherengebiß. Augen dunkelbraun bis haselnußbraun. Behang ziemlich weit hinten angesetzt, mittelgroß, spitz gerundet, flach anliegend. Kräftiger, mittellanger Hals ohne Wamme. Breite und tiefe Brust. Gerader Rücken mit starken Lenden. Kräftig angesetzte Rute, gerade getragen, otterähnlich behaart. Läufe mittellang, kräftig und gerade. Haar kurz und sehr dicht, hart. Farbe: tiefschwarz, auch gelbliche bis rotbraune einfarbige Varianten. Größe 55 bis 57 cm.

Hannoverscher Schweißhund

Stämmiger, langgestreckter, schwerwirkender Hund. Breiter, kräftiger Schädel mit etwas faltiger Stirn und breiten Behängen. Starker Fang mit sehr breiter schwarzer, auch brauner Nase und breiten Lefzen. Dunkelbraune, ernstblickende Augen. Starker, langer Hals mit voller Kehlhaut. Langer Rücken und breite Lenden. Sehr breite, tiefe Brust mit langem Rippenkorb. Bauch kaum aufgezogen. Rute stark und fast gerade. Läufe gut bemuskelt und kräftig, nicht zu hoch. Haar kurz, glatt und glänzend. Farbe: dunkel- bis hellrot, auch leicht gestromt, mit oder ohne dunkle Maske. Größe bis 60 cm.

Bayerischer Gebirgsschweißhund

Mittelgroßer, brackenähnlicher Hund. Nicht zu schwerer Kopf mit relativ breitem Hirnschädel. Fang nicht zu spitz mit überfallenden Lefzen. Etwas Stop. Nase schwarz oder dunkelrot. Hell- bis dunkelbraune Augen. Kräftiger, unten abgerundeter Behang, hoch und breit angesetzt. Langer, bemuskelter Rücken. Breite, etwas gewölbte Lenden und lange, flache Kruppe. Tiefe, lange, nicht zu breite Brust. Rute mittellang, hoch angesetzt, an der Unterseite stärker behaart. Haar dicht und glatt, mäßig rauh mit wenig Glanz, Farbe: rot, hirschrot, rotbraun, gelbrot. Fang, Behang, Rücken und Rute häufig dunkel gestichelt. Größe bis 50 cm.

Alpenländisch-Erzgebirgler Dachsbracke

Mittelgroßer Hund, dessen Gesamterscheinung seinem Namen entspricht. Breitere und flachere Stirn als beim Dachshund. Auge braun. Behang breit, lang, anliegend, unten abgerundet. Kräftiger Hals und sehr kräftige, tiefe Brust bis zum Ellenbogen. Gerader Rücken, Bauch wenig aufgezogen, Nierenpartie breit und kurz. Rute mittellang mit mäßiger Bürste, hängend oder leicht aufwärts gebogen. Behaarung derb, möglichst „otterfell-ähnlich". Farbe: dunkel-hirschrot mit oder ohne leichte schwarze Stichelung und Gesichtsmaske, hellere hirschrote bis zu gelblichen Färbungen, auch schwarz mit rostrotem Brand (Vieräugel). Weiße Abzeichen unerwünscht. Idealgröße 36 bis 38 cm.

Deutsche Bracke

Kleiner Hund mit gestrecktem Kopf, leicht gewölbtem, schmalem Schädel und wenig Stop. Nasenrücken sanft gebogen, Zangenbiß. Mittelgroße, hellbraune Augen. Behang etwa 14 cm lang, anliegend, unten abgerundet. Kräftiger Hals. Leicht gewölbter Rücken, etwas abgeschlagene Kruppe. Tiefe Brust bis unter die Ellenbogen. Lange, sehr starke Rute, herabhängend oder waagerecht getragen. Haar dicht und hart, fast stockartig, besonders an der Rutenunterseite und den Keulen. Farbe: gelb bis rot mit schwarzem Sattel. Weiße Brackenabzeichen: Blesse, weiße Brust, weißer Fang, Halsring, weiße Läufe, und Rutenspitze. Größe 40 cm.

Deutscher Wachtel

Mittelgroßer, robuster Hund. Schädel leicht gewölbt, Hinterhauptbein schwach. Stirnabsatz sanft ansteigend, Stop fehlerhaft. Schädellänge = Fanglänge. Braune Nase, dunkelbraunes Auge. Behang hoch und breit angesetzt, lang, bis zur Nase reichend, lockig behaart. Rumpf mehr lang als hoch, mit hohem, langem Widerrist und kurzem Rücken. Kruppe nicht zu lang, mäßig abfallend. Brust breit und nicht sehr tief. Rute hoch angesetzt, gerade getragen, höchstens um ein Drittel kupiert, befedert. Haar kräftig und glänzend, nicht seidig, an Hals, Nacken und Behängen auch lockig. Farbe: braun, oft kleine weiße Abzeichen, weiß mit braunen Platten und Tupfen oder gesprenkelt (braunschimmel); dreifarbig als Rotschimmel mit roten oder gelben Abzeichen (selten). Größe 47 bis 52 cm.

Cocker-Spaniel

Kleiner, lebhafter Hund mit überlangen, schweren Behängen. Kopf kräftig mit gerundetem Schädel, deutlichem Stop und rechteckigem Fang. Braune Augen. Tief — nicht höher als in unterer Augenlinie — angesetzte Behänge, lappenförmig. Länge nicht über Nasenspitze. Kompakter Rumpf. Rücken kurz, kräftig, zum Rutenansatz hin leicht abfallend. Tiefe, nicht zu breite Brust. Tief angesetzte, nicht zu kurz kupierte Rute. Haar glatt, seidig, mittellang. Vorderläufe mit guten Federn, Keulen behost. Farbe: schwarz, rot, golden, Schimmel. Größe 39 bis 42 cm.

Glatthaariger Foxterrier

Kleiner, hochläufiger, drahtiger Hund. Keilförmiger Kopf, flacher Schädel. Kaum Stop. Kräftiger, langer Fang. Kleine V-förmige Kippohren. Wenig Vorbrust. Kurzer strammer Rükken, tiefe Brust. Rute hoch angesetzt, nicht zu kurz kupiert und lustig getragen. Sehr gerade Läufe. Farbe: weiß mit schwarzen, auch lohfarbenen Flecken oder Platten. Kopf häufig schwarz mit oder ohne Blesse. Größe 35 bis 39 cm.

Drahthaariger Foxterrier

Im Gebäude wie der Glatthaarige Foxterrier. Ebenfalls dunkles, kleineres Auge mit feurigem Ausdruck. Schwarze Nase. Haar hart und drahtig, nie lang, wollig oder seidig. Farbe: wie Glatthaar, häufiger mit lohfarbenen Zeichen. Größe: wie Glatthaar.

Deutscher Jagdterrier

Durch seinen langen Rücken niedrig wirkender Hund. Ziemlich schwerer Kopf, Schädel nicht so schmal, kaum Stop. Langer, starker Fang, nicht zu spitz. Kippohren. Nase schwarz oder braun. Dunkles, kleines, ein wenig schräges Auge. Kräftige, nicht zu tiefe Brust. Lenden und Kruppe breit und muskulös. Rute hoch angesetzt, lang kupiert, gerade oder aufrecht getragen. Haar harsch. Rauh- oder stockhaarig. Farbe: meist schwarz mit rotem oder gelbem Brand, auch braun oder saufarben. Größe ca. 34 bis 40 cm.

Teckel (Kurzhaar)

Kurzläufiger, lang gestreckter Hund mit eleganten Linien. Wenig gewölbter Schädel, gestreckt und zur Nase hin sich gleichmäßig verjüngend. Kein Stop. Nasenrücken leicht gewölbt. Augen dunkel. Bei Tigerteckeln Glasauge gestattet. Behang hoch und voll angesetzt, mittelgroß, unten abgerundet, Vorderrand den Backen angeschmiegt. Langer Rücken mit ausgeprägtem Widerrist, Lenden leicht gewölbt, Kruppe gerade und lang. Mächtig entwickelte Brust, die mit der Brustbeinspitze auffallend weit über die Schulter vorragt. Rute waagerecht getragen. Läufe sehr kurz und gerade. Haar kurz und glänzend. Farbe: rot, rotgelb, schwarz oder braun mit rostrotem oder gelbem Brand. Tiger mit verschiedenfarbigen Flecken oder gestromt.

Teckel (Rauhhaar)

Wie Kurzhaar-Teckel. Haar rauh, harsch und dicht. Nicht zu lang und weich. Am Fang Bart erwünscht. Farbe: schwarz mit rostroten Abzeichen, saufarben, dürrlaubfarben.

Teckel (Langhaar)

Wie Kurzhaar-Teckel. Haar weich und glänzend; unter dem Hals, an Brust und Behängen länger. Läufe befedert. Rutenunterseite mit langer Fahne. Farbe: rot in verschiedenen Tönungen, manchmal mit schwärzlichen Tönungen an Fang, Behangende und auf dem Rükken auch schwarz mit rotem Brand. Der Dachshund wird auch als Zwergteckel mit 35 cm Brustumfang oder als Kaninchenteckel mit 30 cm Brustumfang gezüchtet.

Meutehunde — Foxhound

Mittelgroßer muskulöser Hund. Kräftiger Kopf mit abgestumpftem Fang und weit geöffneten Nasenlöchern. Hell- bis dunkelbraune Augen. Tief angesetzte Behänge, unten abgerundet. Sehr gerader Rücken, breite Brust. Kräftig angesetzte, lustig getragene Rute, nicht über den Rücken gerollt. Kerzengerade, starke, sehnige Läufe. Haar kurz, hart, glänzend. Farbe: schwarz, weiß und lohfarben in mancherlei Verbindungen. Größe etwa 55 bis 60 cm.

Beagle

Kleiner, typischer Meutehund. Kräftiger Kopf mit gewölbtem Schädel und deutlichem Stop. Abgestumpfter Fang mit breiter schwarzer Nase. Sehr dunkle Augen. Lange, tief angesetzte Behänge. Kräftiger, leicht gebogener Hals mit etwas Wamme. Gerader Rücken, nur wenig abfallende Kruppe. Tiefe, breite Brust. Lange, lustig getragene Rute. Sehr gerade, starkknochige Läufe. Haar glatt und dicht, nicht zu fein, leicht bürstig an der Rutenunterseite. Farbe: weiß, schwarz, lohfarben oder irgendeine Verbindung dieser Farben. Größe 33 bis 38 cm.

Inhaltsverzeichnis

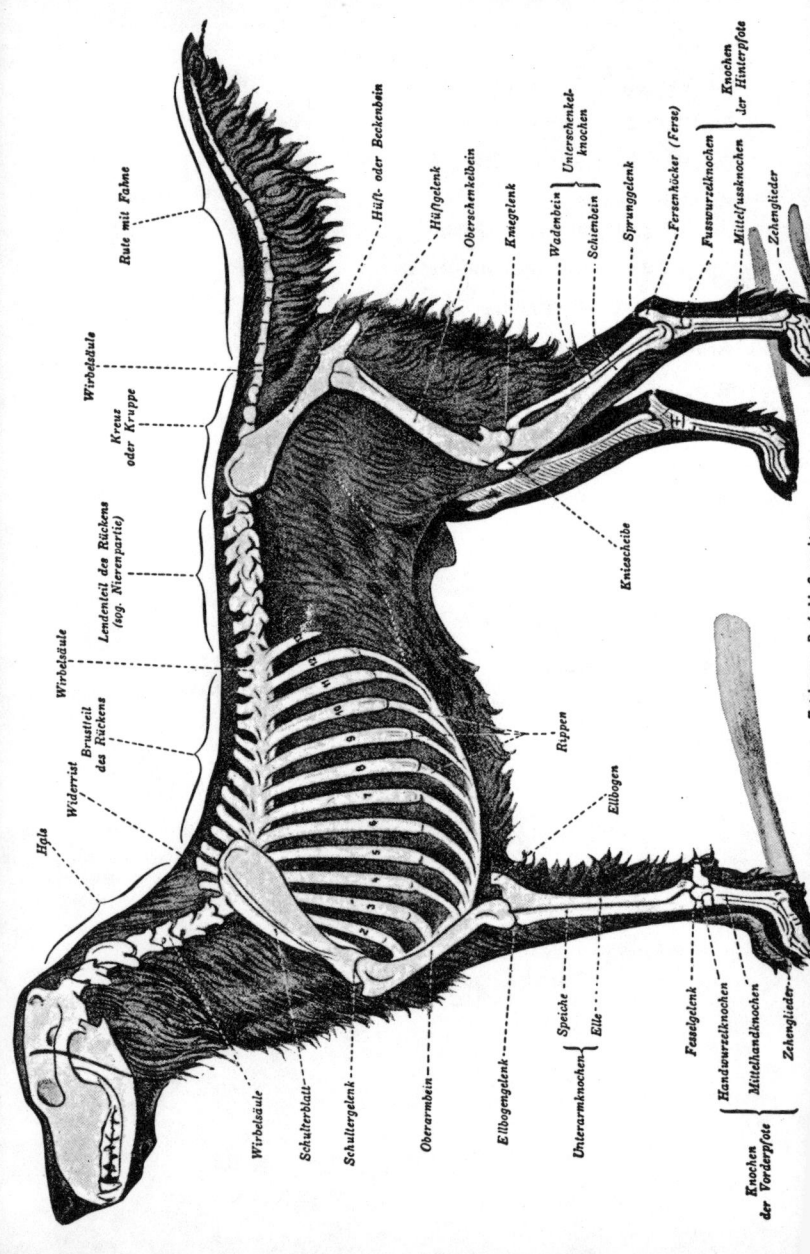

Rute mit Fahne

Wirbelsäule

Kreuz oder Kruppe

Lendenteil des Rückens (sog. Nierenpartie)

Wirbelsäule

Brustteil des Rückens

Widerrist

Hals

Hüft- oder Beckenbein

Hüftgelenk

Oberschenkelbein

Kniegelenk

Wadenbein ⎫ Unterschenkel-
Schienbein ⎭ knochen

Sprunggelenk

Fersenhöcker (Ferse)

Fusswurzelknochen ⎫ Knochen
Mittelfussknochen ⎬ der Hinterpfote
Zehenglieder ⎭

Kniescheibe

Rippen

Ellbogen

Speiche
Elle ⎫ Unterarmknochen

Wirbelsäule

Schulterblatt

Schultergelenk

Oberarmbein

Ellbogengelenk

Fesselgelenk

Handwurzelknochen ⎫
Mittelhandknochen ⎬ Knochen
Zehenglieder ⎭ der Vorderpfote

Zeichnung: Prof. H. Sperling